BEI GRIN MACHT SICH IHR WISSEN BEZAHLT

- Wir veröffentlichen Ihre Hausarbeit, Bachelor- und Masterarbeit

- Ihr eigenes eBook und Buch - weltweit in allen wichtigen Shops

- Verdienen Sie an jedem Verkauf

Jetzt bei www.GRIN.com hochladen und kostenlos publizieren

GRIN

Bibliografische Information der Deutschen Nationalbibliothek:

Die Deutsche Bibliothek verzeichnet diese Publikation in der Deutschen National-
bibliografie; detaillierte bibliografische Daten sind im Internet über http://dnb.d-
nb.de/ abrufbar.

Impressum:

Copyright © 2003 GRIN Verlag, Open Publishing GmbH
Druck und Bindung: Books on Demand GmbH, Norderstedt Germany
ISBN: 9783638734578

Dieses Buch bei GRIN:

http://www.grin.com/de/e-book/13126/grundzuege-des-franchising-und-umset-
zungsbeispiele

Daniel Schallmo

Grundzüge des Franchising und Umsetzungsbeispiele

GRIN Verlag

GRIN - Your knowledge has value

Der GRIN Verlag publiziert seit 1998 wissenschaftliche Arbeiten von Studenten, Hochschullehrern und anderen Akademikern als eBook und gedrucktes Buch. Die Verlagswebsite www.grin.com ist die ideale Plattform zur Veröffentlichung von Hausarbeiten, Abschlussarbeiten, wissenschaftlichen Aufsätzen, Dissertationen und Fachbüchern.

Besuchen Sie uns im Internet:

http://www.grin.com/

http://www.facebook.com/grincom

http://www.twitter.com/grin_com

Daniel Schallmo

Grundzüge des Franchising und Umsetzungsbeispiele

2003 / Ravensburg

Inhaltsverzeichnis

Inhaltsverzeichnis	**II / III**
Abbildungsverzeichnis	**IV**
Abkürzungsverzeichnis	**V**

1. Einleitung	**1**
2. Grundlagen	**1**
2.1 **Ursprung und Entwicklung des Franchising**	**1**
2.2 **Definition des Franchising**	**4**
2.3 **Merkmale des Franchising**	**5**
2.4 **Abgrenzung von anderen Vertriebsformen**	**8**
2.4.1 Das Vertragshändler-System	8
2.4.2 Der Lizenzvertrag	9
2.4.3 Das Agentursystem	10
2.4.4 Das Filialsystem	11
2.5 **Arten des Franchising**	**12**
2.5.1 Unterteilung nach dem Objekt	12
2.5.2 Unterteilung nach dem Umfang	13
2.5.3 Unterteilung nach der Investitionssumme	14
2.5.4 Unterteilung nach der Anzahl der Betriebe	15
3. Der Franchisevertrag	**16**
3.1 **Rechte und Pflichten des Franchisegebers**	**16**
3.2 **Rechte und Pflichten des Franchisenehmers**	**19**
3.3 **Gebühren**	**21**
3.4 **Vertragsdauer und -ende**	**22**
4. Bewertung des Franchising	**23**
4.1 **Franchisegeber**	**23**
4.1.1 Vorteile	23
4.1.2 Nachteile	25
4.2 **Franchisenehmer**	**27**
4.2.1 Vorteile	27
4.2.2 Nachteile	28

5.   Umsetzungsbeispiele und deren Bewertung.. 29

5.1   „Vom Fass" AG..29

5.2   Bewertung der „Vom Fass" AG 31

5.3   „Tee Gschwendner"..32

5.4   Bewertung von „Tee Gschwendner" 33

5.5   Beide Systeme im Vergleich...35

5.6   Kooperationsmöglichkeiten der beiden Systeme 37

6.   Ausblick 39

Anhang   VI-IX

Quellenverzeichnis   X-XIII

Abbildungsverzeichnis

Abbildung 1:   Entwicklung des Franchising in Deutschland seit 1995

Abbildung 2:   „Vom Fass"-Franchisenehmer seit 1994

Abbildung 3:   Der Tee-Markt (nur Fachhandel) in Deutschland

Abbildung 4:   Profile von „Tee Gschwendner" und der „Vom Fass" AG

Abkürzungsverzeichnis

a.a.O.	am angegebenen Ort
Abs.	Absatz
Aufl.	Auflage
BGB	Bürgerliches Gesetzbuch
bzw.	beziehungsweise
ca.	circa
DFNV	Deutscher Franchise-Nehmer Verband
DFV	Deutscher Franchise Verband
durchschn.	durchschnittlich
e.V.	eingetragener Verein
et al.	et alienes (und andere)
etc.	et cetera
F.	Franchising
FAZ	Frankfurter Allgemeine Zeitung
Feb.	Februar
FG	Franchise-Geber
FN	Franchise-Nehmer
GmbH	Gesellschaft mit beschränkter Haftung
H.	Heft
HBR	Harvard Business Review
HGB	Handelgesetzbuch
Hrsg.	Herausgeber
Jg.	Jahrgang
Mio.	Million
Mrd.	Milliarde
N.N.	Ohne Nahmen
No.	Number
Nr.	Nummer
o.J.	ohne Jahr
o.O.	ohne Ort
S.	Seite
Syst.	Systeme
u.a.	unter anderem
USA	Vereinigte Staaten von Amerika
vgl.	vergleiche
z.B.	zum Beispiel
zit.	zitiert

1. Einleitung

Das Franchising stellt für immer mehr Unternehmen eine interessante Vertriebs-form dar, was sich in einer steigenden Anzahl von Franchisegebern in den letzten Jahren widerspiegelt.[1]

Der Reiseveranstalter „TUI" erzielt zum Beispiel mit „Filialen und Franchisebetrie-ben bereits ein Viertel seines Umsatzes".[2]

Ziel dieser Arbeit ist es, die Vertriebsform des Franchising zunächst von der theo-retischen Seite zu erläutern und durch die Vorstellung von zwei Franchisesyste-men den Praxisbezug herzustellen. Die beiden Systeme werden im Anschluss an die Vorstellung einzeln bewertet, woran eine Gegenüberstellung der Systeme an-knüpft.

Neben Internet, Zeitungsberichten und Fachzeitschriften wurde auch auf Informa-tionsbroschüren von verschiedenen Firmen und dem Deutschen Franchise Ver-band zurückgegriffen. Darüber hinaus wurden Gespräche mit Herrn Bernd-R. Faßbender, dem Präsidenten des Deutschen Franchise Nehmer Verbands, und mit Herrn Strähle, dem Leiter der Auftragsabteilung bei „Vom Fass", geführt.

2. Grundlagen

2.1 Ursprung und Entwicklung des Franchising

Der Begriff „Franchising" leitet sich aus dem französischen Wort „franchise" ab. „Franchise" bedeutet im Französischen die Befreiung von Abgaben beziehungs-weise Gebühren.[3] Diese Bedeutung kann zu Missverständnissen führen, da Fran-chising in der heutigen Zeit zwar mit Abgaben und Gebühren in Verbindung gebracht wird, jedoch keine Befreiung, sondern eine Belastung mit Abgaben und Gebühren erfolgt.[4]

Im 17. und 18. Jahrhundert wurde unter „Franchise" in Frankreich und Großbritan-nien die Gewährung eines Privilegs verstanden, welches von Königen an zuver-lässige Persönlichkeiten vergeben wurde. Diese Persönlichkeiten hatten dann das Recht gegen Entgelt die Produktion oder den Handel mit bestimmten Erzeugnis-sen zu betreiben.[5] In diesem Zusammenhang wird deutlich, dass „Franchise" die Nutzung von Rechten gegen Entgelt beinhaltet. In der zweiten Hälfte des 19.

---

[1] Auf die Entwicklung des Franchising in den letzten Jahren wird in Kap. 2.1 eingegangen
[2] Seiwet, M. / Stippel, P.: Was steckt in den Vertriebskanälen? In: Absatzwirtschaft, 2/2003, S.12-14, S.14
[3] Vgl. Weis, E. (Hrsg.): Langenscheidts Großwörterbuch Französisch. 7. Aufl. Berlin 1991, S.429
[4] Im Kapitel 2.2 wird genauer auf die Definition von Franchising eingegangen.
[5] Vgl. Skaupy, W.: Franchising. Handbuch für die Betriebs- und Rechtspraxis. 2. Aufl. München 1995, S.1

Jahrhunderts waren Absatzsysteme mit Depositären, Konzessionären und Gérants verbreitet, die Vorläufer zu dem heutigen Franchising darstellen.[6]

Traditionelles Franchising

Das traditionelle Franchising ist auch unter „Product Distribution Franchising" oder auch „Product and Tradename Franchising" bekannt.[7]

Hierbei liegt der „Akzent auf dem Warenvertrieb"[8] und dem Recht, einen Namen zu nutzen.

Um 1863 setzte die „Singer Sewing Machine Company", ein Hersteller von Nähmaschinen, als erstes Unternehmen das traditionelle Franchising um. Reisenden Händlern wurden Exklusivrechte zum Verkauf der Erzeugnisse von „Singer" gewährt.[9] 1874, also elf Jahre später, führte der Konkurrent von Singer, die „Willcox & Gibbs Sewing Machine Company", Alleinvertriebsrechte mit Gebietsschutz an Händler ein.

„General Motors" erkannte, dass Franchising nicht nur in der Nähmaschinenindustrie angewendet werden konnte, und führte es 1898 in Form von vertraglich gebundenen Händlern als Vertriebssystem ein.[10] Diese Vertriebsform wird in den USA deshalb zum Franchising gezählt, da dort eine straffere Bindung des Vertragshändlers vorliegt, was eine starke Ähnlichkeit mit einem Franchisebetrieb hat.[11] Unter „General Motors" entstanden ab 1930 auch die kaufmännischen, rechtlichen und finanziellen Grundlagen der heutigen Franchisesysteme.[12]

Im Jahre 1900 begann „Coca-Cola" Lizenzen an Unternehmen zu vergeben, die mit Sirup beliefert wurden.[13] Dieser Sirup wurde, damals wie heute, mit Wasser und Kohlensäure versetzt und danach in Flaschen abgefüllt. Offensichtlich hatte „Coca-Cola" mit diesem System Erfolg, da bis 1920 an 1.200 Unternehmen eine derartige Lizenz vergeben wurde.[14]

---

[6] Vgl. Tietz, B./Mathieu, G.: Das Franchising als Kooperationsmodell für den mittelständischen Einzelhandel. Köln 1979, S. 5

[7] Vgl. Skaupy, W.: Franchising. Handbuch für ... a.a.O., S.2

[8] Gross, H./Skaupy, W.: Franchising in der Praxis. Düsseldorf 1976, S. 268

[9] Vgl. Tietz, B.: Handbuch Franchising. 2. Aufl. Landsberg am Lech 1991, S.8 und Skaupy, W.: Franchising. Handbuch für ... a.a.O., S.2

[10] Vgl. Tietz, B. Handbuch ... a.a.O. S. 8

[11] Vgl. Gross, H./Skaupy: Franchising in ... a.a.O, S. 268

[12] Vgl. Tietz, B./Mathieu, G.: Das Franchising als ... a.a.O., S. 6

[13] Vgl. Metz, R.: Franchising: How to Select a business of Your Own, New York 1969, S.7. Zit. nach: Tietz, B./Mathieu, G.: Das Franchising als ... a.a.O., S. 5

[14] Vgl. Slywotzky, A./Morrison, D.: Die Gewinnzone. Wie Ihr Unternehmen dauerhaft Erträge erzielt. Landsberg am Lech 1998, S.153

Die Firma „Rexall" folgte 1902, indem Inhaber von Drogeriemärkten das Recht erhielten, den Namen „Rexall" zu führen.[15] In der weiteren Entwicklung breitete sich das Franchising auf immer mehr Branchen aus. Die „World Radio Corporation", Hersteller von Radiogeräten, startete 1923 damit, ihre Produkte auf der Einzelhandelsebene mittels Franchising abzusetzen. Eine Besonderheit bei der „World Radio Corporation" war, dass die Inhaber von Einzelhandelsgeschäften nicht nur mit Waren beliefert wurden, sondern auch eine Schulung für die Inhaber der Einzelhandelsgeschäfte erfolgte.[16] Schulungen stellen auch heute einen wichtigen Bestandteil der Leistungen des Franchisegebers dar.

Modernes Franchising

Eine Weiterentwicklung des traditionellen Franchising ist das moderne Franchising des Dienstleistungszeitalters. Skaupy bezeichnet dies als „Business Format Franchising".[17] Einer der ersten Anwender des Business Format Franchising war Roy Kroc, der 1955 das erste „McDonalds" Restaurant im Bundesstaat Illinois eröffnete.[18] Das „Business Format Franchising" umfasst die „Lizenzierung der Marke, des Know-how und des gesamten geschäftlichen Systems für den Vertrieb von Waren oder Diensten".[19] Hierbei handelt es sich also um mehr als nur den reinen Warenvertrieb. Vielmehr kann hier von einem Komplettpaket gesprochen werden, das dem Franchisenehmer zur Verfügung gestellt wird.[20]

In den USA setzte während der Zeit von Ray Kroc, um 1950, ein regelrechter Franchiseboom ein. In Europa hingegen entstand die Franchisierung im modernen Sinne erst nach 1960.[21] Die Firma „Nordsee" startete im Jahre 1968 mit dem Aufbau eines Franchisesystems im Schnellimbissbereich. Im Jahre 1969 folgte der Drogeriemarkt „Ihr Platz" und 1970 schließlich der Baumarkt „Obi".[22]

---

[15] Vgl. Metz, R.: Franchising: How ... a.a.O., S.7. Zit. nach: Tietz, B.: Handbuch Franchising. a.a.O., S. 8
[16] Vgl. Tietz, B.: Handbuch ... a.a.O., S. 8
[17] Skaupy, W.: Franchising. Handbuch für ... a.a.O., S. 2
[18] Vgl. Pauli, K.: Franchising, Düsseldorf 1990, S. 22 und Vgl. Gross, H./Skaupy, W.: Franchising in ... a.a.O., S. 179
[19] Skaupy, W.: Franchising. Handbuch für ... a.a.O., S. 2 und Tietz, B.: Handbuch ... a.a.O., S 16
[20] Auf die Leistungen des Franchisegebers wird im 4. Kapitel näher eingegangen.
[21] Vgl. Tietz, B.: Handbuch ... a.a.O., S. 9
[22] Vgl. Tietz, B.: Handbuch ... a.a.O., S. 64

Die folgende Übersicht zeigt die Entwicklung des Franchising in den letzen Jahren:

	1995	1996	1997	1998	1999	2000	2001*	2002*
Franchisegeber	530	560	600	630	720	810	750	820
Franchisenehmer	22.000	24.000	28.000	31.000	34.000	37.100	38.000	39.000
Umsatz in Mrd. €	12,3	12,8	15,3	17,9	19,4	22,0	22,5	25,6
Beschäftigte (in Systemzentralen und bei Franchisenehmern)	230.000	250.000	280.000	320.000	330.000	346.500	352.000	358.000
*für 2001 und 2002 Schätzungen des DFV[23]								

Abb. 1: Entwicklung des Franchising in Deutschland seit 1995[24]

Es ist zu erkennen, dass das Franchising durch den Zuwachs hinsichtlich Franchisegeber, Franchisenehmer, Umsatz[25] und Beschäftigtenzahl deutlich an Bedeutung gewonnen hat.

2.2 Definition des Franchising

Die Autoren zahlreicher Bücher berufen sich auf zwei offizielle Definitionen des Franchisebegriffs, die in den letzten Jahren immer wieder überarbeitet wurden. Zum einen gibt es die offizielle Definition des Deutschen Franchise-Verbandes e.V., die Erich Kaub 1980 entwickelt hat.

„Franchising ist ein vertikal-kooperativ organisiertes Absatzsystem rechtlich selbständiger Unternehmer auf der Basis eines vertraglichen Dauerschuldverhältnisses. Dieses System tritt auf dem Markt einheitlich auf und wird geprägt durch das arbeitsteilige Leistungsprogramm der Systempartner sowie durch ein Weisungs- und Kontrollsystem zur Sicherstellung eines systemkonformen Verhaltens. Das Leistungsprogramm des Franchise-Gebers besteht aus einem Beschaffungs-, Absatz- und Organisationskonzept, dem Nutzungsrecht an Schutzrechten, der Ausbildung des Franchise-Nehmers und der Verpflichtung des Franchise-Gebers, den Franchise-Nehmer aktiv und laufend zu unterstützen und das Konzept ständig

---

[23] Trotz Rückfrage beim DFV, beim DFNV, bei der Syncon GmbH in München und der umfangreichen Recherche im Internet war es nicht möglich, aktuellere Zahlen zu bekommen. Daher greift der Verfasser für 2001 und 2002 auf Schätzungen zurück

[24] DFV (Hrsg.): Franchise-Telex 2001, o. O., Juni 2001, S. 7 und Petersdorff, W.: Der Pleitegeier frisst Geschäftsideen. In: FAZ vom 17.11.2002, Nr. 46, S. 43

[25] siehe zu den Gesamtumsätzen der 25 größten Systeme in Deutschland auch Anlage 1

weiterzuentwickeln. Der Franchise-Nehmer ist im eigenen Namen und auf eigene Rechnung tätig; er hat das Recht und die Pflicht, das Franchise-Paket gegen Entgelt zu nutzen. Als Leistungserbringung liefert er Arbeit, Kapital und Information."[26]

Eine weitere Definition ist im Europäischen Verhaltenskodex für Franchising enthalten, an dessen Erstellung die nationalen Franchise-Verbände mitgewirkt haben. Der Verhaltenskodex stellt zugleich den Ethikkodex für die Mitglieder des jeweiligen Landesverbandes dar und wird an diese ausgegeben.

„Franchising ist ein Vertriebssystem, durch das Waren und/oder Dienstleistungen und/oder Technologien vermarktet werden. Es gründet sich auf eine enge und fortlaufende Zusammenarbeit rechtlich und finanziell selbständiger und unabhängiger Unternehmen, den Franchise-Geber und seine Franchise-Nehmer. Der Franchise-Geber gewährt seinen Franchise-Nehmern das Recht und legt ihnen gleichzeitig die Verpflichtung auf, ein Geschäft entsprechend seinem Konzept zu betreiben. Dieses Recht berechtigt und verpflichtet den Franchise-Nehmer, gegen ein direktes oder indirektes Entgelt im Rahmen und für die Dauer eines schriftlichen, zu diesem Zweck zwischen den Parteien abgeschlossenen Franchise-Vertrags bei laufender technischer und betriebswirtschaftlicher Unterstützung durch den Franchise-Geber, den Systemnamen und/oder das Warenzeichen und/oder die Dienstleistungsmarke und/oder andere gewerbliche Schutz- oder Urheberrechte sowie das Know-how, die wirtschaftlichen und technischen Methoden und das Geschäftssystem des Franchise-Gebers zu nutzen."[27]

Es ist festzustellen, dass sich die Definitionen in manchen Punkten ähnlich sind. Im folgenden Kapitel werden die Merkmale aus den vorangehenden Definitionen herausgearbeitet.

2.3   Merkmale des Franchising

Vertikale Kooperation

Als typisches Merkmal ist zu nennen, dass es sich bei Franchising um eine vertikale Kooperation beziehungsweise Zusammenarbeit zwischen rechtlich selbständigen Unternehmen handelt. Im Franchising sind die beteiligten Unternehmen der

---

[26] DFV (Hrsg.): Existenzgründung mit System. Berlin o. J., erhalten: Feb. 2003, S.8
[27] DFV (Hrsg.):Jahrbuch Franchising 2002/2003. Frankfurt am Main 2002, S. 171

Franchisegeber und der Franchisenehmer. Eine vertikale Kooperation ist dann gegeben, wenn sich die beiden Unternehmen auf einer unterschiedlichen Stufe des Vertriebssystems befinden.[28] Folgende Konstellationen sind möglich:[29]

a)	Hersteller	-	Einzelhändler
b)	Hersteller	-	Großhändler
c)	Dienstleistungs-Zentrale	-	Dienstleistungseinzelbetrieb
d)	Großhändler	-	Einzelhändler

Im Fall d) wäre der Großhändler bzw. Franchisegeber z.b. die „Obi" Systemzentrale in Wermelskirchen und der Einzelhändler bzw. Franchisenehmer der „Obi" Baumarkt in Ravensburg.

Rechtliche Selbständigkeit

Ein weiteres Merkmal ist die rechtliche Selbständigkeit der Unternehmen. Sowohl der Franchisenehmer als auch der Franchisegeber werden im eigenen Namen und auf eigene Rechnung tätig.[30]
Das Bindeglied zwischen Franchisegeber und Franchisenehmer ist also kein Arbeitsverhältnis, sondern ein Dauerschuldverhältnis, das durch einen Vertrag begründet ist.[31] Es wird hierbei von einem Dauerschuldverhältnis gesprochen, weil die in dem Vertrag geregelten Rechte und Pflichten auf Dauer und nicht einmalig erbracht werden müssen.[32]

Einheitlicher Marktauftritt

Ein einheitlicher Marktauftritt wird über die Anwendung des gleichen Namens, der gleichen Marke, eines gemeinsamen Erscheinungsbildes und des systemkonformen Verhaltens erreicht.[33] Das einheitliche Auftreten ist in dieser Form ebenfalls im Filialsystem zu finden.[34] Somit kann ein Kunde von außen nicht unterscheiden, ob es sich um ein Franchise- oder ein Filialsystem handelt. Über den einheitlichen

---

[28] Vgl. Herz, P.: Selbständig mit Franchise: Finanzierung – Erfolgskonzepte – Risiken, Regensburg 1997, S. 21
[29] Vgl. Hall, W.P.: Franchising – New Scope for an old Technique, HBR No.1 1964, S.62-63 Zit. nach: Knigge, J.:Franchise-Systeme im Dienstleistungssektor, Berlin 1973, S.39
[30] Selbstverständlich kann es sich hierbei auch um eine Franchisenehmerin bzw. Franchisegeberin handeln
[31] Vgl. BGB § 311, Abs. 1. Auf den Franchisevertrag wird im vierten Kapitel näher eingegangen
[32] Vgl. Herz, P., a.a.O., S. 21
[33] Vgl. Skaupy, W.: Franchising. Handbuch ... a.a.O., S. 7
[34] Näheres zum Filialsystem im Kapitel 2.4.4

Marktauftritt kann zudem einen höherer Bekanntheitsgrad bei den Kunden erreicht werden.[35]

Weisungs- und Kontrollsystem

Der einheitliche Marktauftritt und das systemkonforme Verhalten werden durch das Weisungs- und Kontrollsystem sichergestellt.

Die Richtlinien und Standards des Franchisegebers, die wiederum im Franchisevertrag geregelt sind, werden über das Weisungssystem durchgesetzt.[36]

Somit ist der Franchisenehmer an die Weisungen des Franchisegebers gebunden. Ein einzelner Franchisenehmer von „Benetton" könnte beispielsweise nicht einfach Fernseher zum Verkauf anbieten, da dies nicht in den Richtlinien des Franchisegebers vorgesehen ist und kein systemkonformes Verhalten darstellen würde.

Über das Kontrollsystem stellt der Franchisegeber fest, ob der Franchisenehmer den Weisungen des Franchisegebers Folge geleistet hat. So ist der Franchisenehmer verpflichtet, regelmäßig Bericht zu erstatten und eine Besichtigung seines Betriebes durch den Franchisegeber zuzulassen.[37] „Vom Fass" entnimmt beispielsweise Stichproben von Produkten, die von Franchisenehmern zum Verkauf angeboten werden. Damit soll verhindert werden, dass die Franchisenehmer von einem anderen Hersteller oder Händler Waren beziehen, was einerseits die Höhe der Franchisegebühr und andererseits die Qualität der Produkte beeinflussen kann.[38]

Arbeitsteilung

Die Arbeitsteilung der Systempartner bringt eine Spezialisierung der Partner mit sich. Das Prinzip der Arbeitsteilung ist schon lange bekannt. An dieser Stelle ist an Adam Smith und sein Stecknadelbeispiel von 1776 zu denken.[39]

Unter Arbeitsteilung versteht man „ die Zerlegung der Produktion in Teilverrichtungen, die von spezialisierten Arbeitern oder Betrieben durchgeführt werden."[40] Die

---

[35] Vgl. Herz, P.: a.a.O., S. 22
[36] Vgl. Herz, P.: a.a.O., S. 22
[37] Vgl. Herz, P.: a.a.O., S. 23
[38] Diese Information erhielt der Verfasser durch ein Gespräch mit Herrn Strähle, das am 06.03.2003 in der „Vom Fass" Zentrale, Ravensburg stattfand.
[39] In dem Buch „Reichtum der Nationen" von Adam Smith wird das Stecknadelbeispiel erläutert. In diesem Beispiel beschreibt Adam Smith die Herstellung einer Stecknadel und kommt zu dem Schluss, dass eine Arbeitsteilung es ermöglicht, mehr Stecknadeln zu produzieren als bei Nichtanwendung der Arbeitsteilung.
[40] Baßeler, U., et al.: Grundlagen und Probleme der Volkswirtschaft, Köln 1999, S.50

Arbeitsteilung wird in der heutigen Zeit auch für die Produktion von immateriellen Gütern, also Dienstleistungen, angewendet.

Leistungsbeiträge des Franchisegebers und -nehmers[41]

Die Leistungen des Franchisegebers, die er dem Franchisenehmer anbietet[42] beziehungsweise zur Verfügung stellt, werden als „Leistungspaket" bezeichnet.[43] Die Leistungsbeiträge des Franchisenehmers beinhalten Arbeit, Kapital und Information.[44]

2.4   Abgrenzung von anderen Vertriebsformen[45]

Im Rahmen der Distributionspolitik gibt es neben dem Franchising noch weitere Vertriebsformen, die ebenfalls zu vertikalen Kooperationen zählen. Anhand der im vorherigen Kapitel erarbeiteten Merkmale kann nun eine Abgrenzung des Franchising von anderen Vertriebsformen erfolgen.

2.4.1 Das Vertragshändler-System

Bei dieser Vertriebsform stehen sich ein Hersteller oder Großhändler und ein Vertragshändler gegenüber.[46] Oft findet diese Form des Vertriebs in der Automobilbranche Anwendung (Volkswagen, Ford).

Der Vertragshändler erwirbt auch hier, mittels eines auf Dauer gerichteten Vertrages,[47] das Recht, Erzeugnisse in eigenem Namen und auf eigene Rechnung zu verkaufen,[48] weshalb auch hier die rechtliche Selbständigkeit gegeben ist. Arnold stellt fest, dass ein Vertragshändler zwar die Empfehlungen des Herstellers bezüglich Marktauftritt und Form beziehungsweise Durchführung der Geschäfte berücksichtigen wird, nicht aber in einer Verpflichtung steht, dies auch umzusetzen.[49] Die Nutzung der Marke und des Namens sowie das Kennzeichnungsrecht des Herstellers erfolgen nicht so ausgeprägt wie beim Franchising. Dies sind Anzeichen dafür, dass ein einheitlicher Marktauftritt beim

---

[41] Näheres hierzu im vierten Kapitel
[42] Vgl. Geml, R. / Geisbüsch, H. / Lauer, H.: Das kleine Marketing-Lexikon, Düsseldorf 1999, S. 98
[43] Vgl. Skaupy, W.: Franchising. Handbuch ... a.a.O. , S. 79
[44] Vgl. DFV (Hrsg.): Existenzgründung ... a.a.O., S.8
[45] siehe hierzu die Tabelle in Anlage 2
[46] Vgl. Skaupy, W.: Franchising. Handbuch ... a.a.O., S.13
[47] Vgl. Meffert, H.:Marketing. Grundlagen marktorientierter Unternehmensführung, 9. Aufl., Wiesbaden 2000, S. 638
[48] Vgl. Skaupy, W.: Franchising. Handbuch ... a.a.O., S.13 und Meffert, H.: a.a.O., S. 638
[49] Vgl. Arnold, J.:Das Franchise-Seminar. Selbständig mit Partner, 2. Aufl., München 1997, S. 26

chen dafür, dass ein einheitlicher Marktauftritt beim Vertragshändler-System nicht so ausgeprägt ist, wie es beim Franchising der Fall ist.

Das Kontroll- und Weisungsrecht ist im Vertragshändlersystem ebenfalls weniger vorhanden als beim Franchisesystem[50] oder fehlt gar vollkommen.[51] Die Arbeitsteilung ist im Vertragshändlersystem ebenfalls gegeben, da sich der Hersteller auf die Produktion seiner Produkte, nationale Werbung etc. spezialisiert und der Vertragshändler den Verkauf der Produkte durchführt. Bei dieser Vertriebsform steht der Warenvertrieb mehr im Vordergrund als die Dienstleistung,[52] weshalb der Kunden- bzw. Reparaturdienst[53] eher eine Ergänzung darstellt. Das Franchisesystem kann im Gegensatz zum Vertragshändlersystem auch nur eine reine Dienstleistung beinhalten (z.B. Musikschule, Reisebüro). und Unterstützung, wie es bei Franchising durch den Franchisegeber geschieht, ist beim Vertragshändlersystem nicht üblich.[54] Die „Ausbildung des Vertragshändlers"[55] ist nach Skaupy ebenfalls nicht vorgesehen. Dies unterscheidet sich von der Auffassung Mefferts, der „eine Schulung der Mitarbeiter"[56] bei technisch komplizierten und wartungsbedürftigen Produkten als einen wesentlichen Vertragsbestandteil ansieht.

Zusammenfassend kann gesagt werden, dass sich ein Vertragshändlersystem bezüglich des weniger einheitlichen Marktauftritts und der geringeren Weisungs- und Kontrollbefugnisse vom Franchisesystem unterscheidet.

2.4.2 Der Lizenzvertrag

Beim Lizenzvertrag sind die Vertragspartner, wie beim Franchising, „selbständige Unternehmer".[57] Ein einheitlicher Marktauftritt ist allerdings nicht zwingend gegeben, da sich der Lizenzvertrag auf die Nutzung gewerblicher Schutzrechte[58] beschränkt. Die gewerblichen Schutzrechte können neben Fertigungsverfahren, Warenzeichen, Patenten und Geschäftsgeheimnissen[59] auch Gebrauchsmuster

---

[50] Vgl. Herz, P.: a.a.O., S. 31
[51] Vgl. Skaupy, W.: Franchising. Handbuch ... a.a.O., S.13
[52] Vgl. DFV (Hrsg.): Existenzgründung ... a.a.O., S.15
[53] Vgl. Meffert, H.: a.a.O. S. 638
[54] Vgl. Skaupy, W.:Franchising. Handbuch ... a.a.O., S. 13
[55] Skaupy, W.: Franchising. Handbuch ... a.a.O., S. 13
[56] Meffert, H.: a.a.O., S. 638
[57] Skaupy, W.: Franchising. Handbuch ... a.a.O., S.14
[58] Vgl. Kotler, P. / Bliemel, F.: Marketing Management. Analyse, Planung und Verwirklichung, 10.Aufl., Stuttgart 2001, S. 630 und Skaupy, W.: Franchising. Handbuch ...a.a.O., S. 14
[59] Vgl. Kotler, P. / Bliemel, F.: a.a.O., S. 630

und Dienstleistungszeichen beinhalten.[60] Die Bereitstellung eines Geschäftskonzeptes und einer Marketingstrategie[61] ist nicht vorgesehen, was die Ursache für den fehlenden einheitlichen Marktauftritt ist. Es gibt allerdings sogenannte „gemischte Lizenzsysteme", die zwar ein kleines Marketingkonzept anbieten, welches jedoch in der Praxis wenig umgesetzt wird.[62] Begründet ist die geringe Umsetzung von Geschäfts- und Marketingkonzepten durch die nicht vorhandenen Weisungs- und Kontrollbefugnisse des Lizenzgebers[63] dem Lizenznehmer gegenüber.

Die Leistungen des Lizenzgebers, der Inhaber der Lizenz ist, beinhalten die Gewährung an den Lizenznehmer, diese zu nutzen. Als Gegenleistung erhält der Lizenzgeber eine umsatzabhängige Lizenzgebühr.[64]

Kotler bezeichnet das Franchising als eine „umfassendere Form der Lizenzvergabe"[65], was auf die Nutzungsrechte von Namen etc. zurückzuführen ist. Die wesentlichen Unterschiede der Lizenzvergabe zum Franchising sind somit der nicht einheitliche Marktauftritt und die nicht vorhandene Weisungs- und Kontrollbefugnis durch den Lizenzgeber.

In diesem Zusammenhang ist, neben dem Lizenzvertrag, die Know-how-Vereinbarung zu nennen, die im Gegensatz zur Lizenz auch unternehmerische, betriebswirtschaftliche Kenntnisse und Erfahrungen beinhaltet, die nicht durch gewerbliche Schutzrechte gesichert sind.[66] Es wird deutlich, dass eine Know-how-Vereinbarung ebenfalls in den meisten Franchiseverträgen enthalten ist.

2.4.3 Das Agentursystem

Der äußere Aufbau und das Organisationskonzept einer Agentur ist dem eines Franchisingbetriebes ähnlich.[67] In einer Agentur vermitteln sogenannte Agenten, wie Handelsvertreter und Kommissionäre, Verkaufsaufträge.[68] Der wesentliche Unterschied zwischen den beiden Agenten ist, dass ein Handelsvertreter in fremden Namen und auf fremde Rechnung tätig wird, was ihn von dem Kommissionär unterscheidet, der zwar auch im eigenen Namen, allerdings auf fremde Rechnung

---

[60] Vgl. Skaupy, W.: Franchising. Handbuch ... a.a.O., S.14
[61] Vgl. Herz, P.: a.a.O., S.32
[62] Vgl. DFV (Hrsg.): Existenzgründung ... a.a.O., S.16
[63] Vgl. Skaupy, W.: Franchising. Handbuch ... a.a.O., S. 14
[64] Vgl. Herz, P.: a.a.O., S. 31
[65] Kotler, P./Bliemel, F.: a.a.O., S. 631
[66] Vgl. Skaupy, W.: Franchising. Handbuch ... a.a.O., S.15
[67] Vgl. Skaupy, W.: Franchising. Handbuch ... , a.a.O., S. 15
[68] Vgl. Schneck, O.(Hrsg.): Lexikon der Betriebswirtschaft, 4. Aufl., München 2000, S. 24

arbeitet.[69] Durch das Tätigwerden auf fremde Rechnung wird deutlich, dass in beiden Fällen Verträge zwischen dem Kunden und dem Hersteller geschlossen werden. Der Agent erhält dann eine Provision, die eine Beteiligung an dem von ihm vermitteltem Geschäft darstellt,[70] zahlt aber keine umsatzabhängige Gebühr wie der Franchisenehmer. Der Agenturvertrag findet überwiegend in der Versicherungsbranche und im Handel Anwendung.[71] Das hauptsächliche Unterscheidungsmerkmal des Agentursystems zum Franchising ist, dass der Agent nie auf eigene Rechnung arbeitet. Dem Agenten fehlt somit die unternehmerische Selbständigkeit und er trägt kein geschäftliches Risiko.[72] Es ist ebenfalls denkbar, dass ein Agent für einen oder mehrere Hersteller gleichzeitig tätig sein kann[73], was zeigt, dass die Weisungs- und Kontrollbefugnisse durch den Hersteller wesentlich geringer sind als beim Franchisesystem.

Die Leistungen der Beteiligten beinhalten die Vermittlung von Verträgen durch den Agenten und die Zahlung einer Provision durch die Agenturzentrale. Ein einheitlicher Marktauftritt kann zwar erfolgen, ist aber durch die geringe Weisungs- und Kontrollbefugnis nicht unbedingt gegeben.

2.4.4 Das Filialsystem

Eine Filiale unterscheidet sich nach außen hin kaum von einem Franchisebetrieb.[74] Ebenso wie bei einem Franchisebetrieb ist ein einheitlicher Marktauftritt gegeben, der auf die starke Weisungs- und Kontrollbefugnis der Direktionszentrale der Filiale gegenüber zurückzuführen ist. Die Unterschiede zum Franchisebetrieb bestehen darin, dass der Filialleiter in persönlicher Abhängigkeit zu der Direktionszentrale steht und in einem Angestelltenverhältnis beschäftigt ist.[75] Das Verhältnis zwischen Filialleiter und Direktionszentrale ist durch einen Dienstvertrag geregelt.[76] Der Filialleiter handelt somit in fremden Namen und auf fremde Rechnung. Filialen sind Zweigstellen eines Unternehmens, was sie deshalb zu betriebseigenen Organen macht.[77]

---

[69] siehe hierzu HGB § 84 Abs. 1 für Handelsvertreter und HGB § 383 Abs. 1 für Kommissionär
[70] Vgl. Herz, P.: a.a.O., S.31
[71] Vgl. Schneck, O. (Hrsg.): a.a.O., S. 24
[72] Vgl. Skaupy, W. : Franchising. Handbuch ... a.a.O., S. 14
[73] Vgl. Deutscher Franchise-Verband e.V., Existenzgründung mit System, erhalten Feb. 2003, S.15
[74] Vgl. Skaupy, W.: Franchising. Handbuch ... a.a.O., S.16
[75] Vgl. Skaupy, W.: Franchising. Handbuch ... a.a.O., S. 16
[76] siehe hierzu BGB § 611
[77] DFV (Hrsg.): Existenzgründung ... a.a.O., S. 16

Bekannte Filialsysteme sind z.B. „Karstadt", „Aldi", „Tengelmann" und „Douglas".[78] Die Ähnlichkeit der Filiale zum Franchisebetrieb ist mit ein Grund dafür, warum oft beide Systeme, parallel zueinander, Anwendung finden.[79] So werden von dem Drogeristen „Ihr Platz" nur kleinere Vertriebsstätten an Franchisenehmer vergeben und größere Vertriebsstätten in Eigenregie als Filialen geführt.[80] Der Grund hierfür liegt sicherlich darin, dass in größeren Vertriebsstätten ein höherer Umsatz beziehungsweise Gewinn erzielt werden kann.

Eigene Filialen dienen auch, gerade bei der Errichtung eines Franchisesystems, als Testbetriebe und haben außerdem eine Ausbildungsfunktion für neue Franchisenehmer.[81] Eigene Filialen dienen allerdings auch zur Weiterentwicklung und Optimierung des Systems[82] was durch die Marktnähe ermöglicht wird.

Das Filialsystem unterscheidet sich somit vom Franchisesystem insofern, dass der Filialleiter nicht selbständig ist und nicht in eigenem Namen und auf eigene Rechnung tätig wird.

2.5   Arten des Franchising[83]

2.5.1 Unterteilung nach dem Objekt

Eine Unterteilung der Franchiseart nach dem Objekt des franchisierten Systems erfolgt nach Skaupy in drei Arten.[84]

Das Vertriebs-Franchising

Hierbei handelt es sich um den Vertrieb von Erzeugnissen durch den Franchisenehmer. Als Franchisegeber kann sowohl ein Hersteller als auch ein Großhändler auftreten. Diese Form des Franchising kann in allen Bereichen des Handels vorkommen. [85] So gehören der „Obi"-Baumarkt", der Textileinzelhändler „Benetton" und der Drogerist „Ihr Platz" zu dieser Kategorie.

---

[78] Vgl. Kotler, P./Bliemel, F.: a.a.O., S. 1139
[79] Vgl. Skaupy, W.: Franchising. Handbuch ... a.a.O., S. 17
[80] Vgl. Tietz, B.:Handbuch ... , a.a.O. , S. 456
[81] Vgl. Tietz, B.:Handbuch ... , a.a.O. , S. 455
[82] Vgl. Mett, U.: Minimiertes Risiko. In: Handelsjournal 10/2002, S. 11
[83] siehe hierzu die Übersicht in Anlage 3
[84] Vgl. Skaupy, W.: Franchising. Handbuch ... a.a.O., S. 30 ff.
[85] Vgl. Skaupy, W.: Franchising. Handbuch ... a.a.O., S. 30 ff.

Das Dienstleistungs-Franchising

Zu dieser Art des Franchising zählen Franchise-Betriebe, die eine Dienstleistung erbringen. Hier spielt das von dem Franchisegeber überlassene Know-how an den Franchisenehmer eine wichtige Rolle.[86] Als Beispiele sind die Musikschule „Froehlich", die „Schülerhilfe" und das „Holiday Inn" zu nennen.

Das Produkt-Franchising

Die Hauptmerkmale dieser Art des Franchising sind die Herstellung und der Vertrieb eines Produktes.[87] Als klassisches Beispiel ist hier das Unternehmen Coca-Cola zu nennen, das vor über 100 Jahren mit der Vergabe von Produkt-Franchisen begonnen hat.

Mischformen

Gerade in der heutigen Zeit wird es immer wichtiger, sich den Bedürfnissen des Verbrauchers anzupassen. Aus diesem Grund treten Mischformen der genannten Franchise-Arten auf. Dies ist zum Beispiel beim „Studienkreis" der Fall, der neben Nachhilfe als Dienstleistung auch Lernmaterialen als Produkt anbietet und vertreibt.[88]

2.5.2 Unterteilung nach dem Umfang

Die Unterteilung des Franchising nach dem Umfang erfolgt in Betriebs- und Abteilungsfranchising.[89]

Das Betriebs-Franchising

Beim Betriebsfranchising oder auch sogenannten Vollfranchising,[90] wie es in der Literatur genannt wird, erfolgt die Franchisierung im gesamten Betrieb des Franchisenehmers. Diese Form stellt in der Praxis den Normalfall dar.[91]

Das Abteilungs-Franchising

Bei dieser Art wird eine Abteilung durch einen Franchisenehmer, als Ergänzung zu seinem unabhängigen Unternehmen, betrieben (z.B. „Benetton" in einem Kauf-

---

[86] Vgl. Skaupy, W.: Franchising. Handbuch ... a.a.O., S. 30 ff.
[87] Vgl. Skaupy, W.: Franchising. Handbuch ... a.a.O., S. 30 ff.
[88] Firmenbroschüre des Studienkreises, erhalten am: 29.01.03
[89] Vgl. Tietz, B.: Handbuch ... a.a.O., S. 40 ff.
[90] Vgl. Skaupy, W.: Franchising. Handbuch ... a.a.O., S. 34
[91] Vgl. Skaupy, W.: Franchising. Handbuch ... a.a.O., S. 34

haus wie „Karstadt"). Diese Abteilung stellt in der Regel eine Nebentätigkeit des Franchisenehmers dar.[92] Das Abteilungs-Franchising wird meist auch als „Mini-Franchise" bezeichnet, das durchaus mit Erfolg geführt werden kann.[93]

2.5.3 Unterteilung nach der Investitionssumme

Maitland unterscheidet die verschiedenen Franchisearten: „according to the a-mount of money which needs to be invested"[94], also nach der Höhe der Investiti-onssumme.

Das Job-Franchising

Bei dieser Art des Franchising liegt das Investitionsvolumen des Franchiseneh-mers zwischen 7.500 € und 45.000 €. Das Job-Franchising wird von Personen gewählt, die sich mit einer kleinen Firma mittels des Franchising selbständig ma-chen möchten.

Hierbei arbeitet der Franchisenehmer von zu Hause aus oder bedient sich eines Kleintransporters (z.B. „Eismann"). Das Einkommen ist vergleichbar mit dem eines in ähnlicher Stellung beschäftigten Arbeitnehmers.[95]

Das Business-Franchising

Das Investitionsvolumen bei dieser Form des Franchising reicht von ca. 45.000 € bis ca. 150.000 €. In diesem Fall werden von einem Büro aus bzw. in einem La-dengeschäft Dienstleistungen oder Produkte angeboten (z.B. „Vom Fass"). Der Franchisenehmer arbeitet persönlich in dem Franchise-Betrieb mit.[96]

Das Investment-Franchising bzw. Investitions-Franchising

Diese Franchise-Form zeichnet sich dadurch aus, dass das Investitionsvolumen 150.000 € oder mehr betragen kann. Skaupy bezeichnet diese Art von Franchisen als Groß-Franchisen und stellt fest, dass der Franchisenehmer nicht wie bei den übrigen Franchisen selbst im franchisierten Geschäft tätig ist, sondern „Geschäfts-führer oder sonstige Beauftragte" einsetzt.[97] Als Beispiele lassen sich die Hotels

---

[92] Vgl. Tietz, B.: Handbuch ... a.a.O., S. 41
[93] Vgl. Skaupy, W.: Handbuch ... a.a.O., S. 35
[94] Maitland, I.: Franchising – A practical Guide for Franchisors and Franchisees, London 1991, S. 3
[95] Vgl. Maitland, I.: a.a.O., S. 3
[96] Vgl. Maitland, I.: a.a.O., S. 3
[97] Vgl. Maitland, I.: a.a.O., S. 3

von „Holiday Inn", der „Obi"-Baumarkt und die Fast-Food-Restaurants von „McDonalds" nennen.[98]

Sicherlich gibt es bei der Unterteilung nach der Investitionssumme eine gewisse Ähnlichkeit mit der Unterteilung nach dem Umfang. So kann Job-Franchising sowohl in einer Abteilung als auch in einem Betrieb angewendet werden. Beim Investment-Franchising wird dies allerdings nicht zutreffen, da es sich aufgrund der hohen Investitionssumme um ein Betriebsfranchising handelt, das hauptberuflich betrieben wird.

2.5.4 Unterteilung nach der Anzahl der Betriebe

In der Praxis kann der Fall eintreten, dass ein Franchisenehmer mehr als einen Betrieb besitzt. Diese können an das gleiche System oder verschiedene Systeme gebunden sein.

Einzel-Franchising

Beim Einzel-Franchising besitzt der Franchisenehmer nur einen Betrieb. Diese Form trifft für gewöhnlich zu, da der Franchisegeber den Franchisenehmer oft dazu verpflichtet, persönlich in seinem Betrieb zu arbeiten.[99]

Mehrfach-Franchising

Hierbei besitzt der Franchisenehmer mehrere Betriebe eines Systems.[100] Tietz bezeichnet den Besitz von mehreren Betrieben eines Franchisenehmers in einem Systems als Mehrbetriebs- bzw. Betriebsgruppenfranchising und verwendet den Begriff Mehrfachfranchisen in einem anderen Zusammenhang.[101]
Der Franchisegeber kann die Betriebsanzahl begrenzen, wie die zum Beispiel bei „McDonalds" der Fall ist, wo ein Franchisenehmer maximal drei Betriebe führen darf.[102]

Franchising in mehreren Systemen

Beim Franchising in mehreren Systemen besitzt der Franchisenehmer mehrere Betriebe, die verschiedenen Systemen angehören. Skaupy erwähnt in diesem Zu

---

[98] Vgl. Skaupy, W.: Franchising. Handbuch ... a.a.O., S.35 f.
[99] Vgl. Skaupy, W.: Franchising. Handbuch ... a.a.O., S.36
[100] Vgl. Skaupy, W.: Franchising. Handbuch ... a.a.O., S.36
[101] Hierunter versteht Tietz die Zusammenarbeit eines Franchisenehmers mit mehreren Systemen.
[102] Vgl. Tietz, B.: Handbuch ... a.a.O., S. 43 ff.

sammenhang den „König des Franchising". Ein französischer Geschäftsmann soll innerhalb von zwölf Jahren elf Franchisen von verschiedenen Systemen nacheinander erworben haben.[103]

Masterfranchising

Das Masterfranchising wird im Rahmen der Expansion in einem ausländischen Markt angewendet. Hierbei erhält zum Beispiel ein deutscher Geschäftsmann für den gesamten deutschen Markt die Rechte an einem ausländischen Franchisesystem. [104] Diese Art von Franchisenehmer bezeichnet man als Master-Franchisenehmer. Er fungiert als Unterfranchisegeber, indem er Franchisen an nationale Franchisenehmer vergibt.[105] In der Umkehrung ist die Vergabe eines Master-Franchises durch einen deutschen Franchisegeber an einen ausländischen Master-Franchisenehmer natürlich auch möglich.

3.   Der Franchisevertrag

Der Franchisevertrag regelt die Rechte und Pflichten der Parteien[106] und stellt somit das „Rückgrat" des Franchisesystems dar.[107]

In Deutschland gibt es kein Franchisegesetz, wie es zum Beispiel im Mietrecht der Fall ist.[108] Dies ist mit ein Grund dafür, warum Franchiseverträge für verschiedene Systeme individuell angefertigt werden. Dennoch gibt es Kernbestandteile, die in jedem Franchisevertrag enthalten sind und im Folgenden näher erläutert werden.

3.1   Rechte und Pflichten des Franchisegebers[109]

Standortanalyse durchführen und Betriebsaufbau unterstützen

Mit Hilfe der Standortanalyse kann der Erfolg eines Betriebes an einem bestimmten Ort errechnet werden.[110] Diese erfolgt vor Aufnahme des Franchisebetriebes durch den Franchisegeber, um den Franchisenehmer vor möglichen Verlusten zu schützen. Erweist es sich aufgrund der Standortanalyse als sinnvoll, an einem

---

[103] Vgl. Corvol, C.: Le Livre Blanc de la Franchise, Paris 1989, S. 80. Zit. nach: Skaupy, W.: Franchising. Handbuch ... a.a.O., S. 36
[104] Vgl. Pauli, K.: a.a.O., S. 127
[105] Vgl. Skaupy, W.: Franchising. Handbuch ... a.a.O., S. 37
[106] Vgl. Herz, P.: a.a.O., S. 82
[107] Vgl. Skaupy, W.: Franchising. Handbuch ... a.a.O., S. 78 und Pauli, K.: a.a.O. S. 159
[108] Vgl. Nebel, J./Schulz, A./Wessels, A.: Das Franchise-System. Handbuch für Franchisegeber und Franchisenehmer. Neuwied 1999, S. 159 und Pauli, K.: a.a.O., S.159
[109] siehe hierzu die Übersicht in Anlage 4
[110] Vgl. Pauli, K.: a.a.O., S. 161

Standort einen Betrieb zu errichten, so kann mit dessen Aufbau begonnen werden.

Mittels Finanzierungsplänen und Beratung steht der Franchisegeber dem Franchisenehmer beim Betriebsaufbau zur Seite.[111] Eine schlüsselfertige Übergabe eines komplett eingerichteten Geschäftslokals, wie es Pauli[112] vorsieht, kann durch den Franchisegeber erfolgen, ist aber nicht zwingend vorgeschrieben.

Aus- und Weiterbildungen anbieten

Über Aus- und Weiterbildungen vermittelt der Franchisegeber das nötige Know-how zur Betriebsführung an die Franchisenehmer. Ausbildungen finden überwiegend vor der Aufnahme des Betriebes statt, um einen Betriebserfolg gewährleisten zu können.[113] Da sich Märkte und Kundenbedürfnisse in einem ständigen Wandel befinden, ist es notwendig, das Franchisesystem diesen Veränderungen anzupassen. Die Vermittlung der Anpassungen erfolgt meist in Weiterbildungen, die durch einen Erfahrungsaustausch zwischen den Franchisenehmern ergänzt werden können.[114] Die angebotenen Aus- und Weiterbildungen sind entweder von dem Franchisenehmer selbst oder von einem seiner Mitarbeiter zu besuchen.[115]

Lizenzrechte gewähren

Der Franchisegeber gewährt dem Franchisenehmer Lizenzechte, die Schutzrechte an Marken- und Warenzeichen[116] sowie das zur Nutzung überlassene Know-how beinhalten.[117] Unter Know-how werden nichtpatentierbare praktische Kenntnisse verstanden, die auf Erfahrungen des Franchisegebers beruhen.[118] Somit bekommt der Franchisenehmer schnellen Zugang auf Know-how bei überschaubaren Kosten.[119]

Der Wert einer Marke beziehungsweise eines Warenzeichens besteht darin, dass sich die Kunden, unabhängig vom Franchisebetrieb, auf Qualitätsstandards ver-

---

[111] Vgl. Nebel, J./Schulz, A./Wessels, A.: a.a.O., S. 174
[112] Vgl. Pauli, K.: a.a.O., S. 161
[113] Vgl. Nebel, J./Schulz, A./Wessels, A.: a.a.O., S. 174
[114] Vgl. Nebel, J./Schulz, A./Wessels, A.: a.a.O., S. 171
[115] Vgl. Pauli, K.: a.a.O., S.161 und Skaupy, W.: Franchising. Handbuch ... a.a.O., S.161
[116] Vgl. Arnold, J.: a.a.O., S. 85
[117] Vgl. Nebel, J./Schulz, A./Wessels, A.: a.a.O., S. 169
[118] Vgl. Skaupy, W.: Franchising. Handbuch ... a.a.O., S. 9
[119] Vgl. N.N.: Franchising und Photovoltaik – eine erfolgreiche Verbindung für das Elektrohandwerk. In: Elektrotechnik, 06/2001, S. 21-22, S.21

lassen können.[120] Die gewährten Lizenzrechte können räumlich und auch zeitlich begrenzt sein.[121]

Handbuch erstellen und aushändigen

Im Handbuch vermittelt der Franchisegeber dem Franchisenehmer die Marktsituation, die Wettbewerbsvorteile gegenüber Konkurrenten sowie Leistungs- und Informationsströme.[122] Der Betriebsablauf, Grundsätze der Geschäftspolitik und der lokalen Werbung sind darin ebenfalls beschrieben.[123]

Werbung betreiben

Überregionale Werbemaßnahmen in TV, Radio und Printmedien sind vom Franchisegeber durchzuführen. Sie tragen zum Erfolg des einzelnen Betriebes und des gesamten Systems bei.[124]

Werbung im Fernsehen kann für einen Franchisegeber kostspielig sein und wird daher nur von großen Franchisesystemen durchgeführt.[125] So betreibt zum Beispiel die Systemzentrale von „Mc Donalds" überregionale Werbung im Fernsehen und im Radio. Kleinere Systeme verzichten hingegen auf überregionale Werbung im Fernsehen.

Waren liefern

Der Franchisegeber muss den Franchisenehmer mit den für seinen Betrieb erforderlichen Waren beliefern.[126] Beliefert der Franchisegeber den Franchisenehmer nicht direkt, so hat er diesem die notwendigen Bezugsquellen zu nennen.[127] Handelt es sich um Dienstleistungs-Franchising, so hat der Franchisegeber den Franchisenehmer das nötigen Know-how zur Verfügung zu stellen.[128]

---

[120] Vgl. Franck, E. / Jungwirth, C.: Zwischen Franchisesystem und Genossenschaft: die Organisationsform „Liga" im Profisport. In: Die Unternehmung, 59. Jg. 1999, H. 2, S. 121-132, S. 124
[121] Pauli, K.: a.a.O., S. 160
[122] Vgl. Nebel, J./Schulz, A./Wessels, A.: a.a.O., S. 119
[123] Vgl. Posselt, T.: Das Design vertraglicher Vertriebsbeziehungen am Beispiel Franchising. In: Zeitschrift für Betriebswirtschaft, 69. Jg., 1999, H. 3, S. 349 f.
[124] Vgl. Nebel, J./Schulz, A./Wessels, A.: a.a.O., S. 172 und Pauli, K.: a.a.O., S. 161
[125] Der gesamte Werbeaufwand im Fernsehen für den Lebensmittelbereich betrug im Jahre 2001 ca. 1,44 Mrd. €. Siehe hierzu: AC Nielsen Werbeforschung. In: International Marketing Commitee: Television 2000. International Key Facts, 9. Aufl., Köln 2002, S. 149
[126] Vgl. Skaupy, W.: Franchising. Handbuch ... a.a.O., S. 133
[127] Vgl. Pauli, K.: a.a.O., S. 161
[128] Vgl. Kapitel 2.5.1

Oft vertreibt der Franchisegeber über sein System Eigenmarken, wie es zum Beispiel bei der Firma „Quick-Schuh" der Fall ist.[129]

Wettbewerbsverbot

Über das Wettbewerbsverbot stellt der Franchisegeber sicher, dass der Franchisenehmer seine Arbeitskraft ganz dem System zur Verfügung stellt. Somit darf der Franchisenehmer kein Unternehmen betreiben, das in unmittelbarer Konkurrenz zu dem des Franchisegebers steht. Das Wettbewerbsverbot kann sich ebenfalls auf eine gewisse Dauer nach der Zusammenarbeit zwischen Franchisegeber und Franchisenehmer erstrecken.[130]

Gebietsschutz gewähren

Bei Gewährung eines Gebietsschutzes sichert der Franchisegeber dem Franchisenehmer zu, keinen Konkurrenzbetrieb in einem fest gelegten Gebiet zu eröffnen.[131] Der Gebietsschutz wird nicht von jedem Franchisegeber an seine Franchisenehmer gewährt. Dies ist zum Beispiel bei der „Vom Fass" AG der Fall.[132] Andererseits darf der Franchisenehmer nur in dem festgelegten Gebiet Werbung betreiben und verkaufen.[133]

Weiterentwicklung des Systems

Um den Fortbestand des Systems sicherzustellen, ist der Franchisegeber dazu verpflichtet, das System ständig weiterzuentwickeln. Eine Weiterentwicklung beinhaltet die Anpassung des Systems an die Wünsche der Kunden und an die Entwicklungen am Markt.

3.2 Rechte und Pflichten des Franchisenehmers

Betriebseinrichtung und -führung

Der Franchisenehmer ist dazu verpflichtet, seinen Betrieb entsprechend den Regeln des Franchisegebers auszustatten und diesen nach einem einheitlichen Konzept zu betreiben. Dieses einheitliche Konzept kann durch die Betriebs- und

---

[129] Vgl. Nebel, J./Schulz, A./Wessels, A.: a.a.O., S. 175 und S. 410 ff.
[130] Vgl. Herz, P.: a.a.O., S.96
[131] Vgl. Gross, H. / Skaupy, W.: Franchising ... a.a.O., S. 272
[132] Diese Information erhielt der Verfasser durch ein Gespräch mit Herrn Strähle, das am 06.03.2003 in der „Vom Fass" Zentrale, Ravensburg
[133] Vgl. Nebel, J./Schulz, A./Wessels, A.: a.a.O., S.64 und Tietz, B.: Handbuch ... a.a.O., S. 563

Geschäftsausstattung[134] sowie das Firmenlogo durchgesetzt werden. Das einheitliche Erscheinungsbild ist wichtig für das positive Image einer Franchise-Kette.[135] Der Franchisenehmer ist auch dazu verpflichtet, eine Instandhaltung in seinen Betrieb durchzuführen, sofern dies notwendig ist.[136]

Handbuch beachten

Das Handbuch stellt für den Franchisenehmer eine Art „Gebrauchsanweisung" zur Führung seines Betriebs dar, deren Inhalte er zu beachten hat. Der Franchisenehmer wird durch direkte Mitwirkung an der Weiterentwicklung des Handbuchs miteinbezogen.[137] Der Grund hierfür ist die Nähe der Franchisenehmer zum Markt, die der Franchisegeber nur durch eigene Filialen hat.

Werbung betreiben

Werbemaßnahmen sind nicht nur durch den Franchisegeber durchzuführen, der überregionale Werbung betreibt. So ist es die Aufgabe des Franchisenehmers, lokale Werbung nach den Richtlinien und Grundlagen des Franchisegebers in seinem Vertragsgebiet durchzuführen,[138] die im Handbuch beschrieben sind.

Waren beziehen und vertreiben

Der Franchisenehmer hat die Pflicht dazu, die Waren und das Know-how nur beim Franchisegeber zu beziehen und einen bestimmten Warenvorrat auf Lager zu halten[139] beziehungsweise eine Mindestmenge abzunehmen.[140]

Letztlich liegt es im eigenen Interesse des Franchisenehmers, eine möglichst große Menge an Waren zu verkaufen, da er dadurch einen höheren Umsatz beziehungsweise Gewinn erzielen kann.[141]

Informationen weitergeben

---

[134] Vgl. Nebel, J./Schulz, A./Wessels, A.: a.a.O., S. 175
[135] Vgl. Skaupy, W.: a.a.O., S.161
[136] Vgl. Nebel, J./Schulz, A./Wessels, A.: a.a.O., S. 175
[137] Vgl. Nebel, J./Schulz, A./Wessels, A.: a.a.O., S. 175
[138] Vgl. Skaupy, W.: Franchising. Handbuch ... a.a.O., S. 134 und Nebel, J./Schulz, A./Wessels, A.: a.a.O., S. 176
[139] Vgl. Herz, P.: a.a.O., S. 90 und 94
[140] Vgl. Skaupy, W.: Franchising. Handbuch ... a.a.O., S. 134
[141] Der Gesamtumsatz ergibt sich aus: Verkaufspreis x Menge. Der Gesamtgewinn aus: Gesamtumsatz – Gesamtkosten (Miete, Personal, Einkaufspreise etc.)

Informationen sind für das gesamte System und somit für den Franchisegeber in vielerlei Hinsicht wichtig. So hat der Franchisenehmer dem Franchisegeber in der Regel einmal monatlich einen Bericht über den Umsatz vorzulegen,[142] der als Basis für die Berechnung der Franchise- und Werbegebühren dient.[143] Über Besuche des Franchisegebers bzw. eines Beauftragten des Franchisegebers erhält dieser Informationen darüber, wie der Franchisenehmer seinen Betrieb führt und ob dieser das Konzept, wie es im Handbuch beschrieben ist, umsetzt. Weiterhin werden durch Gespräche, die mehrmals im Jahr zwischen Franchisegeber und Franchisenehmer erfolgen,[144] Informationen über Entwicklungen am Markt gewonnen, die es dem Franchisegeber ermöglichen, sein System zu optimieren.[145]

3.3 Gebühren

Da der Franchisenehmer die Leistungen des Franchisegebers nicht umsonst erhält, werden für ihn Gebühren fällig. Diese Gebühren unterteilen sich in drei Arten.

Einmalige Einstiegsgebühr

Zum einen gibt es die einmalige Einstiegsgebühr, welche die Kosten des Franchisegebers für Standortanalyse, Planungen und Betreuung im Vorfeld decken soll.[146] Die Eintrittsgebühr variiert von System zu System und ist abhängig von dessen Bekanntheit und Bestehen am Markt.[147]

Die Franchisegebühr

Hierbei handelt es sich um eine Gebühr, die für die ständige Betreuung und Nutzung der Rechte an Marken und Namen zu bezahlen ist. Diese Gebühr orientiert sich am Umsatz und

liegt je nach System zwischen 1% und 12 %.[148]

Die Werbegebühr

Eine weitere Gebühr wird vom Franchisenehmer für überregionale Werbung an den Franchisegeber bezahlt, die ca. 2%-3% vom Umsatz beträgt.[149]

---

[142] Vgl. Herz, P.: a.a.O., S. 92
[143] Näheres zu den Gebühren in Kap. 3.4
[144] Vgl. Herz, P.: a.a.O., S. 92
[145] Vgl. Nebel, J./Schulz, A./Wessels, A.: a.a.O., S. 175
[146] Skaupy, W.: Franchising. Handbuch ... a.a.O., S. 135 und . Nebel, J./Schulz, A./Wessels, A.: a.a.O., S. 177
[147] Vgl. Pauli, K.: a.a.O., S. 162
[148] Vgl. Pauli, K.: a.a.O., S. 162 und Skaupy, W.: Franchising. Handbuch ... a.a.O., S. 136

Bezüglich der Gebühren sind Variationen denkbar. So kann zum Beispiel keine Eintrittsgebühr verlangt werden, um den Franchisenehmer nicht zu sehr zu belasten, und im Gegenzug können höhere laufende Gebühren berechnet werden.[150] Eine andere Möglichkeit wäre, dass statt der umsatzabhängigen laufenden Gebühren feste Beiträge von dem Franchisenehmer eingezogen werden. Dies könnte dann Anwendung finden, wenn Umsatzmeldungen des Franchisenehmers an den Franchisegeber nicht regelmäßig eingehen oder für geringer ausgewiesen werden, als dies tatsächlich der Fall ist.[151] Hempelmann schlägt vor, die fixe Franchisegebühr nach dem Umsatzpotenzial des Verkaufsgebietes richten sollte. Das Umsatzpotenzial wird meistens von der Größe des Verkaufsgebietes abhängig sein.[152]

3.4 Vertragsdauer und -ende

Die Vertragsdauer ist abhängig von der Höhe der Investitionssumme.[153] Sie liegt in der Regel zwischen einem und zehn Jahren. Bei einem Investment-Franchise kann sie allerdings auch bei zwanzig Jahren liegen, wie zum Beispiel bei „Obi".[154] Bei Beendigung des Vertragsverhältnisses sind einige wichtige Aspekte zu beachten. Der Franchisenehmer darf die Schutzrechte und das Know-how des Franchisegebers nicht mehr nutzen. Zudem hat er die an ihn herausgegebenen Unterlagen an den Franchisegeber zurückzugeben.[155] Weiterhin muss die Übernahme des Betriebes durch den Franchisegeber oder der Verkauf des Betriebes an einen Dritten im Vertrag geregelt sein. Eine mögliche Entschädigungszahlung des Franchisegebers an den Franchisenehmer für den überlassenen Kundenstamm sollte im Vorfeld geregelt sein.[156]

---

[149] Vgl. Pauli, K.: a.a.O., S. 162
[150] Vgl. Skaupy, W.: Franchising. Handbuch ... a.a.O., S.136
[151] Vgl. Nebel, J./Schulz, A./Wessels, A.: a.a.O., S.178
[152] Vgl. Hempelmann, B.: Ökonomische Analyse der Vertragsbeziehungen im Franchising. In: WiSt., 30. Jg. 2001, H. 2, S. 75-78, S. 77
[153] Vgl. Erdmann, G. Zit. Nach: Pauli, K., a.a.O., S. 162
[154] Vgl. Skaupy, W.: Franchising. Handbuch ... a.a.O., S. 137 und Tietz, B.: Handbuch ... a.a.O., S. 586
[155] Vgl. Skaupy, W.: Franchising. Handbuch ... a.a.O., S. 139
[156] Vgl. Skaupy, W.: Franchising. Handbuch ... a.a.O., S. 139 f.

4. Bewertung des Franchising

4.1 Franchisegeber[157]

4.1.1 Vorteile

Sämtliche Kosten, die zur Errichtung eines Franchisebetriebs anfallen, werden vom Franchisenehmer getragen. Diese reichen von der Einrichtung über den Mindestlagerbestand bis hin zu notwendigen Genehmigungen durch Behörden. Der Franchisegeber erstellt zwar die Standortanalyse und unterstützt den Franchisenehmer beim Aufbau des Betriebs, die daraus entstehenden Kosten werden jedoch dem Franchisenehmer über die Einstiegsgebühr in Rechnung gestellt.[158] Hätte der Franchisegeber die Kosten für den Betriebsaufbau selbst zu tragen, so wäre er, insbesondere bei einem hohen Investitionsbedarf, kapitalmäßig überfordert.[159] Hierbei denke man an den „Obi"-Baumarkt, wo die Investitionssumme bei mehreren hundert tausend Euro liegt.

Der Franchisegeber hat allerdings auch bezüglich des Finanzierungsrisikos einen Vorteil. So kann der Fall eintreten, das ein eröffneter Betrieb nicht die erwarteten Umsätze beziehungsweise Gewinne erzielt. Das Finanzierungsrisiko trägt somit der Franchisenehmer, da sämtliche Investitionen, die zur Errichtung eines Betriebs nötig sind, von ihm übernommen werden.[160]

Hat es der Franchisegeber geschafft, genügend Franchisenehmer für seine Idee zu gewinnen, so ergeben sich für ihn Kostenvorteile im Einkauf und in der Produktion, sofern selbst produziert wird. In der Produktion wird hierbei von sogenannten „Skalenerträgen" gesprochen.[161] Im Einkauf ergibt sich der Kostenvorteil aus dem Mengenrabatt.[162]

Der Franchisegeber muss nicht, wie beispielsweise beim Filialsystem, das geeignete Personal für die Franchisebetriebe suchen. Vielmehr kommen die Franchisenehmer auf ihn zu, was sich aus deren Motivation ergibt, selbständig zu werden.[163] Dies schließt jedoch nicht aus, dass ein Franchisegeber nach geeigne-

---

[157] siehe zu den Vor- und Nachteilen des Franchisegebers die Übersicht in Anlage 5
[158] Vgl. Skaupy, W.: Franchising. Handbuch ... a.a.O., S. 54
[159] Vgl. Herz, P.: a.a.O., S. 39
[160] Vgl. Arnold, J.: a.a.O., S. 46
[161] Bei Skalenerträgen handelt es sich um Kostenersparnisse, die durch eine höhere Ausbringungsmenge entstehen. Siehe auch: Schneck, O. (Hrsg.), et al.: a.a.O., S. 251
[162] Beim Mengenrabatt wird ein Preisnachlass gewährt, der sich nach der abgenommenen Menge richtet. Siehe auch: Schneck, O. (Hrsg.), et al.: a.a.O., S. 784
[163] Vgl. Skaupy, W.: Franchising. Handbuch ... a.a.O., S. 55

ten Partnern sucht, wenn nicht genügend Interesse seitens potentieller Franchisenehmer für sein System besteht.

Da der Franchisenehmer als selbständiger Unternehmer tätig ist, reduzieren sich die Angestellten des Franchisegebers somit auf eine relativ geringe Anzahl, die hauptsächlich in der Zentrale tätig sind.[164] Der Verwaltungsaufwand und die Personalkosten für die Mitarbeiter des Franchisenehmers fallen somit nicht in den Verantwortungsbereich des Franchisegebers.

In der „Vom Fass"-Zentrale sind zum Beispiel zehn Mitarbeiter in der Verwaltung tätig, die rund 150 Franchisenehmer betreuen.[165]

Durch die Selbständigkeit des Franchisenehmers ergibt sich, trotz der Bindung an die Weisungen des Franchisegebers, eine höhere Motivation, als dies beim Filialsystem der Fall ist.[166] Die höhere Motivation resultiert aus der Eigenverantwortung des Franchisenehmers, Gewinn in seinem Betrieb zu erzielen.[167] Deshalb wird der Franchisenehmer in der Regel darauf achten, die Kosten gering zu halten und die Umsätze zu steigern.[168] Er wird ebenfalls mehr Engagement und Flexibilität aufweisen als ein Filialleiter, der in einem Angestelltenverhältnis zum Franchisegeber steht.[169]

Manfred Maus, Gründer des „Obi"-Baumarktes, sieht den Erfolg seines Unternehmens darin, dass die selbständigen Franchisenehmer die Stärken des mittelständischen Unternehmertums haben.[170]

Die meistens vorhandene Erfahrung des Franchisenehmers über den regionalen Markt bewahrt den Franchisegeber vor Fehlinvestitionen.[171] Die Marktnähe des Franchisenehmers ermöglicht es dem Franchisegeber ebenfalls, sich besser dem lokalen Markt während des laufenden Geschäfts anzupassen.[172]

Sowohl überregionale Werbemaßnahmen, die vom Franchisenehmer in Form des Werbebeitrags bezahlt werden[173], als auch der einheitliche Marktauftritt aller Fran-

---

[164] Vgl. Mendelsohn, M.: The Guide to Franchising, 5. Aufl., London, New York 1992, S. 26
[165] Diese Information erhielt der Verfasser durch ein Gespräch mit Herrn Strähle, das am 06.03.2003 in der „Vom Fass" Zentrale, Ravensburg stattfand.
[166] Vgl. Arnold, J: a.a.O., S. 48 und Pauli, K.: a.a.O., S. 101
[167] Vgl. Vgl. Herz, P.: a.a.O., S. 37 f.
[168] Vgl. Mendelsohn, M.: The Guide ... a.a.O., S. 26
[169] Vgl. Pauli, K.: a.a.O., S. 101
[170] Vgl. N.N.: Baumarktbetreiber Obi liegt leicht über dem Branchentrend. In: BBE Data Kompakt. Facts & Trends zu Distribution und Handel, Nr. 409, S. 2
[171] Vgl. Arnold, J.: a.a.O., S. 48
[172] Vgl. Knigge, J.: a.a.O., S. 124
[173] Vgl. Arnold, J.: a.a.O., S. 47

chisenehmer wirken sich positiv auf das Image[174] des Unternehmens und die Bekanntheit der Marke des Franchisegebers aus.[175]

Über die bereits angesprochenen Finanzierungsvorteile ist es dem Franchisegeber möglich, schneller zu expandieren und seine Wettbewerbsposition zu sichern
oder auszubauen.[176]

Das Unternehmen „Tchibo" möchte zum Beispiel über den Aufbau einer Franchi-
sekette die Expansion im In- und Ausland beschleunigen. Bislang wurden die Produkte von „Tchibo" nur über eigene Filialen sowie über Verkaufsstellen im
Einzelhandel verkauft.[177]

4.1.2 Nachteile

Bezüglich des Gewinns lässt sich feststellen, dass eine selbst betriebene Ver-
kaufsstelle durch den Franchisegeber gewinnbringender sein wird als eine fran-
chisierte Einheit.[178] Dies ist ein Grund dafür, weshalb manche Systeme sowohl
Franchisebetriebe als auch Filialen einsetzen.[179]

Die bereits angesprochene Problematik, dass manche Franchisenehmer nicht den
gesamten Umsatz ausweisen, hat ebenfalls eine Auswirkung auf die Höhe des
Gewinns, da sich dieser prozentual am Umsatz orientiert.[180] Dieser Erscheinung
kann ein Franchisenehmer durch fixe Franchisegebühren entgegenwirken.

Der Franchisegeber wird keine großen Probleme hinsichtlich der Quantität an Inte-
ressenten haben. Die Qualifikation der Franchisenehmer kann allerdings einen
großen Einfluss auf den Erfolg des Systems haben. Aus diesem Grund spielt die
Auswahl der geeigneten Partner, die oft schwierig und zeitraubend ist, eine wichtige Rolle.[181] So muss man sich grundsätzlich bei jeder Kooperation die Frage stellen: „Passen die Partner wirklich zusammen?"[182] Ein Franchisenehmer muss sich

---

[174] Image sind alle Einstellungen, die ein Individuum/eine Gruppe von Individuen mit einer Marke oder einem
     Unternehmen in Verbindung bringt. Siehe dazu: Schneck, O. (Hrsg.) u.a.: a.a.O., S. 445
[175] Vgl. Pauli, K.: a.a.O., S.101 und Herz, P.: a.a.O., S. 40
[176] Vgl. Skaupy, W.: Franchising. Handbuch ... a.a.O., S. 53 und Pauli, K.: a.a.O., S. 101
[177] Beukert, L.: Konzern plant Zukäufe. Tchibo prüft Aufbau einer Franchise-Kette. In: Handelsblatt,
     02.12.2002, S.22
[178] Vgl. Skaupy, W.: Franchising. Handbuch ... a.a.O., S. 65
[179] Siehe hierzu 2.4.4. Filialsystem
[180] Vgl. Mendelsohn, M.: The Guide ... a.a.O., S. 30
[181] Vgl. Skaupy, W.: Franchising. Handbuch ... a.a.O., S. 66
[182] Schütz, P. / Kroth, R.: Neue Kraft für Marken. In: Absatzwirtschaft. Sonderausgabe, 10/2000, S. 84-93, S.
     90

der Verantwortung, die er übernimmt, bewusst sein,[183] was ebenfalls auf den Franchisegeber zutrifft.

Ist der sorgfältig ausgewählte Partner dennoch für das System ungeeignet, so kommen auf den Franchisegeber erhebliche Kosten zu, da der Franchisegeber dem Franchisenehmer entweder einen Geschäftsführer zur Seite stellt, oder den Betrieb übernimmt und diesen in Eigenregie weiterführt. Langfristig wird der Franchisegeber jedoch versuchen, einen geeigneten Franchisenehmer für den Betrieb zu finden.[184]

In manchen Fällen kann es passieren, dass sich ein Franchisenehmer selbst überschätzt, indem er nur sich den erzielten Erfolg zuschreibt. Der Franchisegeber wird dann von Seiten des Franchisenehmers als überflüssig angesehen, was die Zusammenarbeit zwischen den Partnern stark gefährden kann.[185]

Hierbei ist auch die mögliche Gefahr zu erwähnen, dass ein Franchisenehmer, nachdem er genügend Erfahrungen und Informationen gesammelt hat, zu einem Wettbewerber werden kann, indem er selbst Franchisegeber wird.[186] In diesem Fall greift jedoch das Wettbewerbsverbot, das den Franchisenehmer daran hindert, eine gewisse Dauer nach Beendigung der Zusammenarbeit in derselben Branche tätig zu werden.

Der Franchisegeber stellt dem Franchisenehmer ein erprobtes Konzept zur Verfügung, beliefert ihn mit den nötigen Produkten und betreut ihn während der Partnerschaft. Der Franchisenehmer kümmert sich um den Verkauf der Produkte und die Umsetzung des Konzepts. Dies verdeutlicht die starke Abhängigkeit der Partner voneinander. Da der Franchisenehmer sein Kapital in den Franchisebetrieb investiert, hat er an diesem Eigentumsrechte, wodurch die gegenseitige Abhängigkeit sehr stark ist. Dem Franchisenehmer werden dadurch Mitbestimmungsrechte zugesprochen, die sich in vertikalen Kooperationen in dieser Stärke sonst kaum finden lassen.[187]

---

[183] Vgl. Mendelsohn, M.: The Guide ... a.a.O., S. 29
[184] Vgl. Pauli, K.: a.a.O., S. 102 f.
[185] Vgl. Skaupy, W.: Franchising. Handbuch ... a.a.O., S. 66 und Mendelsohn, M.: a.a.O., S. 28
[186] Vgl. Mendelsohn, M.: a.a.O., S. 28
[187] Vgl. Maitland, I.: a.a.O., S. 18 f.

4.2   Franchisenehmer[188]

4.2.1 Vorteile

Der Franchisenehmer erhält, mittels eines erprobten Konzepts, die Möglichkeit, sich bei relativ geringem Risiko eine Existenz aufzubauen.[189] Gerade in der Aufbauphase eines eigenen Betriebs unterlaufen Existenzgründern Fehler, die zu unnötigen Kosten führen können.[190] Der Franchisegeber unterstützt den Franchisenehmer in der Gründungsphase mit einer Standortanalyse, einer Beratung bezüglich der Ausstattung und der Finanzierung.[191] Bei dem Franchisesystem „Traum Station", das Bettwaren und Schafzimmereinrichtungen vertreibt, wird bereits nach einer dreimonatigen Anlaufphase ein Umsatz von 615.000 € bei einer Rendite von knapp zehn Prozent prognostiziert.[192] Während des Geschäftsbetriebs erhält der Franchisenehmer Informationen vom Franchisegeber über die geeignete Betriebsführung, Buchhaltung, Betriebsvergleiche und Statistiken.[193] Diese Informationen werden im Handbuch beziehungsweise in Schulungen und Weiterbildungen an den Franchisenehmer herangetragen.[194] Über Erfahrungsaustausche mit dem Franchisegeber und zwischen Franchisenehmern wird das System ständig weiterentwickelt, wovon jeder Franchisenehmer, und auch der Franchisegeber, wiederum profitiert.[195]

Bei der Beschaffung der Produkte ist es dem Franchisegeber möglich, wesentlich bessere Konditionen zu erzielen, als es für den einzelnen Franchisenehmer der Fall ist.[196] Diese Konditionen können den Preis, die Lieferzeit, die Qualität und die benötigte Menge betreffen. Vorteilhafte Konditionen können allerdings auch bei der Beschaffung der Betriebseinrichtung erzielt werden.[197]

Über eine sogenannte Gruppenversicherung für den Betrieb, bei der alle Franchisenehmer als Gruppe einer Versicherungsgesellschaft entgegentreten, zahlt der einzelne Franchisenehmer wiederum einen geringeren Beitrag als bei einer Einzelversicherung. Es liegt auf der Hand, dass 100 gemeinsam abgeschlossene Versicherungsverträge günstiger sind als 100 einzeln, unabhän-

---

[188] siehe zu den Vor- und Nachteilen des Franchisenehmers die Übersicht in Anlage 6
[189] Vgl. Knigge, J.: a.a.O., S. 129
[190] Vgl. Mendelsohn, M.: The Guide ... a.a.O., S. 32
[191] Vgl. Knigge, J.:a.a.O., S. 128
[192] Vgl. Mett, U.: Minimiertes Risiko. In: Handelsjournal 10/2002, S. 10
[193] Vgl. Skaupy, W.: Franchising. Handbuch ... a.a.O., S. 60
[194] Vgl. Arnold, J.: a.a.O., S. 50
[195] Vgl. Herz, P.: a.a.O., S. 41 f.
[196] Vgl. Arnold, J.: a.a.O., S. 52
[197] Vgl. Skaupy, W.: Franchising. Handbuch ... a.a.O., S. 62

Versicherungsverträge günstiger sind als 100 einzeln, unabhängig voneinander abgeschlossene Versicherungsverträge.

Über die bereits erwähnte Arbeitsteilung ist es dem Franchisenehmer möglich, sich auf wichtige absatzorientierte Aufgaben zu konzentrieren.[198]

Eine Franchisenehmerin des Franchisesystems „Traum Station", das Bettwaren und Schlafzimmereinrichtungen vertreibt, sagt dazu, dass sie den „Kopf frei für den Verkauf" habe, während die Zentrale die „Primäraufgaben wie Sortimentsgestaltung und Werbung" übernehme.[199]

Für den Franchisenehmer ist es ebenfalls von Vorteil, das Firmenimage und den Markennamen des Franchisenehmers zu nutzen.[200]

Die Bekanntheit einer Marke oder ein Firmenimage werden über nationale Werbemaßnahmen durch den Franchisegeber ausgebaut beziehungsweise erhalten.[201]

Für den Franchisenehmer stellt die umsatzabhängige Werbegebühr vergleichsweise geringe Kosten für überregionale Werbemaßnahmen dar, die er aus Kostengründen alleine nicht durchführen könnte.[202]

4.2.2 Nachteile

Eine Einschränkung der Selbständigkeit des Franchisenehmers beginnt bereits bei der Standortanalyse, die vom Franchisegeber durchgeführt wird, wodurch der Franchisenehmer keine

freie Standortwahl hat.[203]

Während der Vertragslaufzeit ist der Franchisenehmer ebenfalls in seiner Selbständigkeit eingeschränkt, was auf die Weisungs- und Kontrollbefugnisse des Franchisegebers zurückzuführen ist.[204] Der Franchisegeber möchte sein einheitliches Marketing- und Organisationskonzept bei allen Franchisenehmern durchsetzten, da dies zum Erfolg des Systems beiträgt.[205]

---

[198] Vgl. Arnold, J.: a.a.O., S. 50
[199] Mett, U.: Minimiertes Risiko. In: Handelsjournal 10/2002
[200] Vgl. Arnold, J.: a.a.O., S.51
[201] Vgl. Mendelsohn, M.: The Guide ... a.a.O., S. 33
[202] Vgl. Herz, P.: a.a.O., S.38
[203] Vgl. Herz, P.: a.a.O., S. 45
[204] Vgl. Knigge, J.: a.a.O., S. 129
[205] Vgl. Skaupy, W.: Franchising. Handbuch ... a.a.O., S. 66

Ein Imageverlust des Systems wird auf den einzelnen Franchisebetrieb übertragen, was bei einem unabhängigen Einzelhändler nicht der Fall ist.[206]

Insbesondere bei Systemen, die zu schnell wachsen, zeigt sich häufig eine Überforderung der Systemzentrale.[207] In diesen Fällen kann es vorkommen, dass der Franchisenehmer mit unzureichender Information versorgt wird, eine mangelnde Betreuung erhält oder eine säumige Belieferung mit den nötigen Produkten stattfindet.[208] Für den Franchisenehmer bestehen diese Gefahren aber nicht nur bei zu schnellem Wachstum des Systems, sie können auch aus der mangelnden Erfahrung und Qualifikation des Franchisegebers entstehen.[209]

Ein weiterer Nachteil für den Franchisenehmer ist, dass er aufgrund der Weisungsbefugnisse des Franchisegebers und des überregional einheitlichen Konzepts lokale Anpassungen nicht durchsetzen kann.[210]
Über jede Anpassung, die von dem einheitlichen Konzept des Franchisegebers abweicht, muss mit diesem Rücksprache gehalten werden. Wird bei einer Kontrolle des Betriebs durch den Franchisegeber eine Abweichung festgestellt, die nicht abgesprochen war, so kann der entsprechende Franchisenehmer abgemahnt werden.

5. Umsetzungsbeispiele und deren Bewertung

5.1 „Vom Fass" AG

Das Unternehmen

Die „Vom Fass" AG wurde 1995 von Johannes Kiderlen in Ravensburg gegründet und ist in Österreich, in der Schweiz, in Großbritannien und in Japan vertreten.[211]
„Vom Fass" hat in Deutschland 137 Franchisenehmer.

Das Konzept

Die Idee besteht darin, offene Weine, Essige, Speiseöle, Liköre und Edelbrände direkt abzufüllen und an Endverbraucher zu verkaufen. Die Geschäfte befinden

---

[206] Vgl. Herz, P.: a.a.O., S. 44
[207] Vgl. Pauli, K.: a.a.O., S. 104
[208] Vgl. Skaupy, W.: Franchising. Handbuch ... a.a.O., S. 67
[209] Vgl. Skaupy, W.: Franchising. Handbuch ... a.a.O., S. 202
[210] Vgl. Knigge, J.: a.a.O., S. 129
[211] Firmenbroschüre der „Vom Fass" AG, erhalten am: 06.03.2003

sich in gut frequentierten Lagen (1a bzw. 1b) mit einer idealen Verkaufsfläche von 50 bis 80 qm.[212]

Das Anforderungsprofil an den Franchisenehmer

Die Franchisenehmer der „Vom Fass" AG müssen insgesamt ca. 65.000 € für die Einstiegsgebühr, die Einrichtung und die Warenerstausstattung investieren. In der Regel ist daher ein Eigenkapital zwischen 15.000 und 18.000 € erforderlich. Die Partner sollten über das nötige kaufmännische Wissen verfügen, das zur Führung eines Einzelhandelsgeschäftes notwendig ist.[213] Neben der Bereitschaft, volles Engagement mitzubringen, ist es ebenfalls hilfreich, wenn der Partner vor Ort sozial eingebunden ist, zum Beispiel in Vereinen etc. [214]

Die Leistungen der Systemzentrale

Ist der potenzielle Franchisenehmer für das System geeignet, so hat der Partner die Möglichkeit, sogenannte „Schnuppertage" in einem „Vom Fass" Geschäft zu verbringen. Im Anschluss daran erfolgt ein 5-tägiges Seminar in Ravensburg. Bei der Standortanalyse und der Einrichtung des Geschäfts werden die Franchisenehmer unterstützt, um den Start in die Selbständigkeit sicher zu gestalten.[215] Die Vertragslaufzeit beträgt fünf Jahre, mit einer möglichen Vertragsverlängerung. Der Partner wird mit den Produkten der „Vom Fass" AG beliefert und erhält das Recht, den rechtlich geschützten Namen zu nutzen. Während der Zusammenarbeit werden die Partner über ein internetgestütztes Programm auf dem aktuellen Stand der Entwicklung gehalten, worüber sie ebenfalls Ware bestellen können und Informationen für Werbemaßnahmen erhalten. Werbemaßnamen erfolgen über Postsendungen, die von der Zentrale in Ravensburg aus gesteuert werden und auf freiwilliger Teilnahme der Partner basieren. Die Kosten für regionale Anzeigen in Print-Medien werden zu 50 % von den Partnern und zu 50 % von der Zentrale getragen. Die Partner haben die Möglichkeit, einmal je Woche zu einem festgelegten Wochentag beliefert zu werden. Eine Ausnahme erfolgt in der Weihnachtszeit, wo die Partner zweimal je Woche beliefert werden. Begründet ist dies durch den

---

[212] Firmenbroschüre der „Vom Fass" AG
[213] Firmenbroschüre der „Vom Fass" AG
[214] Gespräch mit Herrn Strähle, das am 06.03.2003 in der „Vom Fass" Zentrale, Ravensburg
[215] Firmenbroschüre der „Vom Fass" AG

erhöhten Umsatz zu dieser Zeit, der ca. 22% des gesamten Jahresumsatzes ausmacht.[216] Daneben werden Schulungen für den Franchisenehmer durch die „Vom Fass" AG angeboten und zweimal jährlich stattfindende Erfahrungsaustausche zwischen den Franchisenehmern durchgeführt.[217]

Gebühren

Die Einstiegsgebühr beträgt 6.200 € und ist in der Berechnung der Investitionssumme enthalten. Daneben gibt es noch die laufende Franchisegebühr, die entweder 6% vom Umsatz oder pauschal 410 € monatlich beträgt.[218] Der Franchisenehmer kann zwischen diesen beiden Möglichkeiten wählen. Die Laufzeit der Berechnungsmethode beträgt dann ein Jahr.[219]

5.2   Bewertung der „Vom Fass" AG

Das Franchisesystem „Vom Fass" besteht seit acht Jahren. Die folgende Grafik zeigt die Zunahme der Franchisenehmer sowie die Gesamtzahl der Franchisenehmer zum jeweiligen Jahresende in Deutschland.

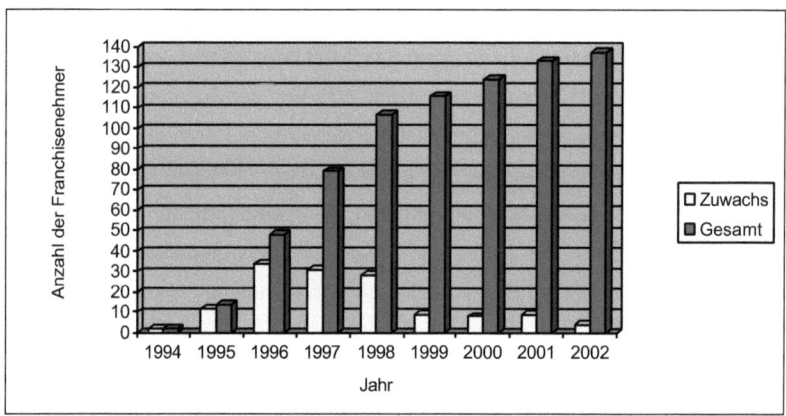

Abb. 2: „Vom Fass"-Franchisenehmer seit 1994[220]

---

[216] Gespräch mit Herrn Strähle, das am 06.03.2003 in der „Vom Fass" Zentrale, Ravensburg
[217] Gespräch mit Herrn Strähle, das am 06.03.2003 in der „Vom Fass" Zentrale, Ravensburg
[218] Firmenbroschüre der „Vom Fass" AG, erhalten am: 06.03.2003
[219] Gespräch mit Herrn Strähle, das am 06.03.2003 in der „Vom Fass" Zentrale, Ravensburg
[220] Darstellung des Verfassers in Anlehnung an Informationsmaterial der „Vom Fass" AG

Es ist zu erkennen, dass die Zunahme an neuen Franchisebetrieben in Deutschland in den letzten Jahren abgenommen hat, was vermutlich auf eine Sättigung des Marktes zurückzuführen ist.

Die „Vom Fass" AG hat jedoch früh genug reagiert und eine Neuerschließung von Märkten im Ausland in Angriff genommen. So wurden 1997 in Österreich, 1999 in der Schweiz und 2000 in Großbritannien und Japan Master-Franchise-Lizenzen vergeben. Als Besonderheit ist hierbei anzumerken, dass „Vom Fass" als erstes deutsches Franchiseunternehmen in Japan vertreten ist.

Wachstum könnte allerdings auch über einen erhöhten Absatz von Produkten in Deutschland erfolgen. Dies wäre zum Beispiel möglich, wenn die Franchisenehmer zu günstigen Konditionen guten Restaurants in ihrem Gebiet „Vom Fass"-Produkte anbieten würden. Die Auswahl von Weinen erstreckt sich beispielsweise auf ca. 150 verschiedene Flaschenweine aus 9 verschiedenen Ländern. Die übrigen „Vom Fass"-Produkte wie Öle, Essige und diverse alkoholische Getränke gehören ebenfalls zum Bedarf von guten Restaurants.

5.3   „Tee Gschwendner"

Das Unternehmen

„Tee Gschwendner" wurde 1978 von Albert Gschwendner in Trier gegründet. Die erste Franchiselizenz wurde 1982 vergeben. „Tee Gschwendner" ist neben Deutschland auch in Österreich, in der Schweiz, in Luxemburg und in Brasilien vertreten.[221] Derzeit hat „Tee Gschwendner" in Deutschland ca. 115 Franchisenehmer.

Das Konzept

Das Angebot umfasst ca. 300 Sorten lose Teespezialitäten, die an Endverbraucher angeboten werden. Die Geschäfte liegen in 1a und 1b Lagen in großen und mittleren Städten[222] und haben eine Verkaufsfläche zwischen 40 und 60 qm.[223]

Das Anforderungsprofil an den Franchisenehmer

Die Investitionssumme eines Franchisenehmers beträgt ca. 100.000 €, wobei ein Eigenkapital von ca. 40.000 € erforderlich ist. Neben einer kaufmännischen Aus-

---

[221] Firmenbroschüre von „Tee Gschwendner", erhalten am: 06.03.2003
[222] Firmenbroschüre von „Tee Gschwendner", erhalten am: 06.03.2003
[223] Vgl. Mett, U.: Franchise Report - Handel 2000, Köln 2000, S. 19

bildung, Motivation und der Bereitschaft, selbst im Geschäft zu stehen, ist auch eine Identifikation mit der Marke von „Tee Gschwendner" gefragt. [224]

Die Leistungen der Systemzentrale[225]

In der Aufbauphase wird für den Franchisenehmer eine Standortanalyse durchgeführt. Daran schließt sich eine Investitionsplanung und die Einrichtung des Geschäftes an. Weiterhin werden dem Partner in Schulungen für die Bereiche Verkauf, Kommunikation und kaufmännisches Wissen die nötigen Kenntnisse zur erfolgreichen Führung seines Geschäftes vermittelt.

Während der Partnerschaft zwischen „Tee Gschwendner" und dem Franchisenehmer erfolgt eine permanente Beratung durch die Systemzentrale in Meckenheim. Die Franchisenehmer werden ebenfalls über Rundschreiben mit Informationen auf dem aktuellen Stand der Entwicklung gehalten. Abgerundet wird die Betreuung mit Handbüchern und Betriebsvergleichen zwischen Franchisenehmern von „Tee Gschwendner".

Viermal jährlich finden regionale Treffen mit Franchisepartnern und einem Vertreter der Zentrale statt. Daneben findet einmal jährlich ein Erfahrungsaustausch zwischen allen Franchisenehmern von „Tee Gschwendner" statt. Als Besonderheit sind an dieser Stelle die vier Beiräte, die sich aus je vier Franchisenehmern zusammensetzen, zu erwähnen. Diese Beiräte beraten regelmäßig über Einkaufs-, Dekorations-, Sortiments- und Marketingstrategien. Somit sind an der permanenten Entwicklung des Systems nicht nur die Zentrale, sondern auch die Franchisenehmer beteiligt.

Gebühren

Die Eintrittsgebühr bei „Tee Gschwendner" beträgt 10.000 €. Eine laufende Franchisegebühr besteht nicht, dafür allerdings eine Werbegebühr, die 4% vom Umsatz des Franchisenehmers beträgt.[226]

5.4 Bewertung von „Tee Gschwendner"

Der gesamte Tee-Markt hatte in Deutschland im Jahre 2001 ein Volumen[227] von 19.370 t. Somit wurden Pro-Kopf durchschnittlich rund 250 g Tee konsumiert. Zum

---

[224] Firmenbroschüre von „Tee Gschwendner", erhalten am: 06.03.2003
[225] Informationsbroschüre für Franchisenehmer von „Tee Gschwendner", erhalten am: 06.03.2003
[226] Firmenbroschüre von „Tee Gschwendner", erhalten am: 06.03.2003

gesamten Tee-Markt in Deutschland zählt der Absatz im Lebensmittel-Einzelhandel[228], in der Gastronomie und im Teefachhandel.

Der Teefachhandel, zu dem auch „Tee Gschwendner" zählt, hat einen Anteil an dem gesamten Tee-Markt in Deutschland von 16,5%, also 3.196 t.[229]

„Tee Gschwendner" hat mit einem Verkauf von 1.050 t einen Marktanteil im Teefachhandel von 33%. In Deutschland gibt es ca. 1.500 Teefachgeschäfte, zu denen auch die 115 Geschäfte von „Tee Gschwendner" zählen. [230]

„Tee Gschwendner" hat mit 115 Geschäften beziehungsweise mit 7,6% aller Teefachgeschäfte in Deutschland einen Marktanteil[231] von 33% im Fachhandel. Subtrahiert man nun den die jeweiligen Anteile von „Tee Gschwendner" vom gesamten Teefachhandel-Markt in Deutschland, so erhält man die Anteile der übrigen Fachgeschäfte. Im Anschluss daran kann nun der durchschnittliche Absatz in t je Fachgeschäft ermittelt werden.

Die folgende Tabelle zeigt die Größen im Überblick:

	Tee-Markt D (nur Fachhandel)	Anteil von „Tee Gschwendner"	Anteil von übrigen Fachgeschäften
Absatz (gesamt)	3.196 t	1.050 t	2.146 t
Absatz (in %)	100 %	33%	67%
Zahl der Geschäfte	1.500	115	1.385
Geschäfte (in %)	100 %	7,6 %	92,4%
Durchschn. Absatz je Geschäft (in t)	2,13 t	9,13 t	1,55 t

Abb. 3: Der Tee-Markt (nur Fachhandel) in Deutschland[232]

Diese Zahlen zeigen, dass „Tee Gschwendner" durchschnittlich je Geschäft rund sechs mal mehr Tee verkauft (9,13 t / Jahr) als die übrigen Fachgeschäfte im Durchschnitt je Geschäft 1,55 t / Jahr).[233] Der höhere Absatz ist sicherlich auf das

---

[227] Marktvolumen ist die gegenwärtig realisierte Absatzmenge der Produktgattung einer ganzen Branche. Siehe hierzu: Meffert, H.: a.a.O., S. 171

[228] Dazu zählen: Discounter, Supermärkte, Selbstbedienungswarenhäuser etc.

[229] Vgl. N.N.: Deutscher Teemarkt 2001: Import- und Exportmenge deutlich gestiegen, 29.05.2002, Homepage des deutschen Teeverbandes, http://www.teeverband.de/texte/tee-lefax19.html , heruntergeladen am: 08.03.2003

[230] Vgl. Przybilski, M.: Franchisekonzept. Der gerade Weg zu Profil und Kompetenz. In: Absatzwirtschaft 12/2002, S. 40-44, S.42

[231] Marktanteil ist das Verhältnis von Absatzvolumen (=Absatzmenge des Produktes einer Unternehmung) zu Marktvolumen in Prozent. Siehe hierzu: Meffert, H.: a.a.O., S. 171

[232] Darstellung des Verfassers

[233] Hierbei handelt es sich um Mengenangaben und nicht um Umsätze oder Gewinne. Die Ermittlung von

Franchisesystem von „Tee Gschwendner" zurückzuführen, wodurch der einheitliche Marktauftritt aller Vertriebsstätten gewährleistet ist. Vergleichbare Ergebnisse könnten nur mit einem Filialsystem erzielt werden, was allerdings einen höheren Investitionsbedarf und höhere laufende Kosten für „Tee Gschwendner" mit sich bringen würde.[234]

Die 1999 durchgeführte Neupositionierung des Unternehmens hat sicherlich auch zum Erfolg des Unternehmens beigetragen Hierbei wurde der Name verändert, da es unter dem alten Namen „Der Teeladen" zu viele Nachahmer gab. Die Ladeneinrichtung und das Sortiment wurden auch entsprechend der Entwicklung am Markt angepasst und neue Produkte eingeführt.[235]

„Tee Gschwendner" ist außer in Deutschland auch in vier weiteren Ländern mit insgesamt 16 Vertriebsstätten vertreten, was in der Zukunft zu weiterem Wachstum des Unternehmens beitragen kann.

Aber auch in Deutschland ist „Tee Gschwendner" auf Wachstumskurs. Zum einen wurden in 23 deutschen Städten Standortanalysen durchgeführt,[236] für die geeignete Partner gesucht werden. Andererseits wird ein Wachstum innerhalb der bestehenden Geschäfte über die Erschließung neuer Absatzwege angestrebt. Dabei handelt es sich um die Belieferung von Hotels und Restaurants durch die Franchisepartner vor Ort.[237]

5.5   Beide Systeme im Vergleich

Um beide Systeme auf einen Blick miteinander vergleichen zu können, bietet es sich an, ein Profil zu erstellen.

Hierbei werden die relevanten Größen wie Investitionssumme, Eigenkapitalbedarf, Einstiegsgebühr, laufende Franchisegebühr und Werbegebühr in der linken Spalte aufgeführt. In der rechten Spalte werden die Ausprägungen der jeweiligen Größe dargestellt. Um einen klaren Überblick zu gewährleisten, wurden die Ausprägungen teilweise in Klassen unterteilt.[238] Bei der Erstellung der Profile ist es sinnvoll, den Durchschnitt aller Franchisesysteme in Deutschland mit aufzunehmen.

Umsätzen und Gewinnen war trotz zahlreicher Rückfragen nicht möglich.
[234] Siehe hierzu Kapitel 2.4.4: Das Filialsystem
[235] Vgl. Przybilski, M.: Franchisekonzept. Der gerade Weg zu Profil und Kompetenz. In: Absatzwirtschaft 12/2002, S. 40-44
[236] Firmenbroschüre von „Tee Gschwendner", erhalten am: 06.03.2003
[237] Vgl. Przybilski, M.: Franchisekonzept. Der gerade Weg zu Profil und Kompetenz. In: Absatzwirtschaft 12/2002, S. 40-44
[238] Die Klassen orientieren sich teilweise an einer empirischen Untersuchung vom Kessler Fachverlag in Loh mar aus dem Jahre

Die folgende Abbildung zeigt die Profile von „Tee Gschwendner", „Vom Fass" und den Durchschnitt aller Franchisesysteme in Deutschland.

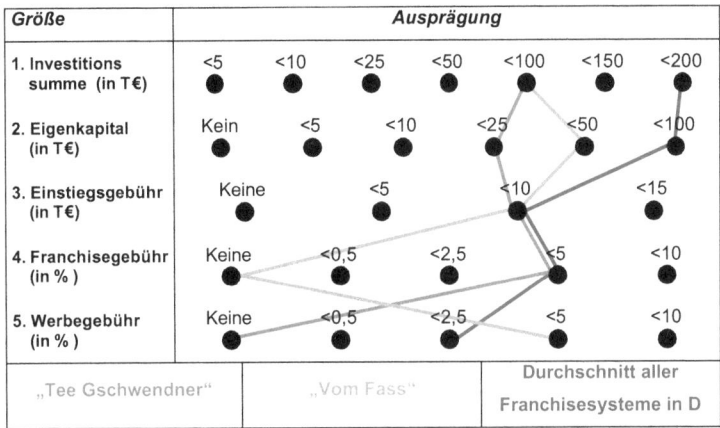

Größe	Ausprägung						
1. Investitions summe (in T€)	<5 ●	<10 ●	<25 ●	<50 ●	<100 ●	<150 ●	<200 ●
2. Eigenkapital (in T€)	Kein ●	<5 ●	<10 ●	<25 ●	<50 ●	<100 ●	
3. Einstiegsgebühr (in T€)	Keine ●		<5 ●		<10 ●	<15 ●	
4. Franchisegebühr (in %)	Keine ●	<0,5 ●	<2,5 ●		<5 ●	<10 ●	
5. Werbegebühr (in %)	Keine ●	<0,5 ●	<2,5 ●		<5 ●	<10 ●	
„Tee Gschwendner"	„Vom Fass"	Durchschnitt aller Franchisesysteme in D					

Abb. 4: Profile von „Tee Gschwendner" und der „Vom Fass" AG[239]

Es zeigt sich, dass die Profile der vorgestellten Systeme, bis auf einen Punkt, mindestens gleich, oder unter dem Durchschnitt aller Franchisesysteme in Deutschland liegen.

Die vorgestellten Systeme sind positiv zu bewerten, da sie geringere Investitionen, Eigenkapital und Gebühren von einem Franchisenehmer verlangen. Dies kann mit ein Grund dafür sein, dass bei den vorgestellten Systemen eine schnellere Expansion erfolgt als bei dem Durchschnitt aller Franchisesysteme in Deutschland, was sich durch eine höhere Attraktivität der Systeme für potentielle Franchisenehmer begründet. An dieser Stelle sei zu erwähnen, dass weitere Größen wie die Umsatzrentabilität,[240] Eigenkapitalrentabilität[241] oder den Bekanntheitsgrad in das Profil mit aufgenommen werden können.[242]

2001. Homepage des Verlags: http://www.franchiseportal.de/ → Tools → Statistiken, heruntergeladen am: 09.03.2003

[239] Darstellung des Verfassers, Informationen aus DFV (Hrsg.): Franchise-Telex 2001, o. O., Juni 2001 und Firmenbroschüren von „Tee Gschwendner" und „Vom Fass"

[240] Die Umsatzrentabilität beschreibt den Anteil des Gewinns am Umsatz. Sie ergibt sich aus: Gewinn/Umsatz x 100. Siehe hierzu: Schmalen, H.: Grundlagen und Probleme der Betriebswirtschaft. 12. Aufl. Stuttgart 2002, S.738

[241] Die Eigenkapitalrentabilität beschreibt die Verzinsung des investierten Kapitals. Sie ergibt sich aus: Gewinn/Eigenkapital x 100. Siehe hierzu: Wöhe, G.: Einführung in die Allgemeine Betriebswirtschaftslehre, 20. Aufl. München

5.6 Kooperationsmöglichkeiten der beiden Systeme

Wesentliche Vorteile für die vorgestellten Systeme können sich durch eine Zusammenarbeit zwischen „Tee Gschwendner" und „Vom Fass" ergeben. Hierbei würden die Geschäfte und Zentralen weiterhin eigenständig bleiben, allerdings in mehreren Bereichen zusammenarbeiten.

Standortanalyse

Wird eine Standortanalyse gemeinsam durchgeführt oder für das andere System mit durchgeführt, so können sich für beide Systeme Kostenersparnisse ergeben. So müssten die Orte nicht zweimal von zuständigen Mitarbeitern besucht werden und sämtliche relevanten Informationen über einen Standort zweimal beschafft werden.

Besteht bereits eine Vertriebsstätte von „Tee Gschwendner" an einem Standort, der durch „Vom Fass" noch nicht erschlossen ist, so könnte seitens „Tee Gschwendner" eine Empfehlung für oder gegen diesen Standort erfolgen,[243] da „Tee Gschwendner" bereits Erfahrungen an diesem Standort sammeln konnte.

Als besonders hilfreich kann es sich erweisen, Erfahrungen bei der Erschließung von ausländischen Märkten auszutauschen, da sich die Gesetzeslage und die Rechtsprechung hier oft von der in Deutschland unterscheiden.

Lieferungen

Bestehen genügend gemeinsame Standorte, so könnte eine gemeinsame Belieferung der Geschäfte von „Tee Gschwendner" und „Vom Fass" an einen Ort erfolgen. „Tee Gschwendner" könnte dann zum Beispiel Norddeutschland beliefern und „Vom Fass" Süddeutschland. Hierbei ist jedoch die unterschiedliche Beschaffenheit der Produkte zu berücksichtigen, was eine entsprechende Lagerung erfordert.

Aus diesem Grund ist es sinnvoller, die Belieferung der Geschäfte, wie sie derzeit erfolgt, durchzuführen. Allerdings kann die gemeinsame stärkere Position in Ver-

---

[242] 2000, S. 1089
Zu Kennzahlen (Umsatzrentabilität, Eigenkapitalrentabilität) wurde gegenüber dem Verfasser seitens der Unternehmen keine Aussage gemacht. Eine Messung des Bekanntheitsgrades ist zum Beispiel über Umfragen messbar.
[243] Selbstverständlich sollte dies im Rahmen einer Zusammenarbeit auch umgekehrt erfolgen.

handlungen mit einem Speditionsunternehmen von Nutzen sein, sodass bessere Konditionen erzielt werden können.

Betreuung der Franchisenehmer

Bei der Betreuung der Franchisenehmer werden meist Außendienstmitarbeiter eingeschaltet. Derzeit befinden sich in ca. 35 Städten je ein „Tee Gschwendner"-Geschäft und ein „Vom Fass"-Geschäft.[244] In diesem Fall könnte der Außendienstmitarbeiter in eine Stadt fahren und zwei Franchisenehmer besuchen statt nur einen. Somit ergeben sich für beide Systeme Kosteneinsparungen, die aus geringeren Fahrkosten und einer höheren Anzahl von besuchten Franchiseneh-mern je Außendienstmitarbeiter entstehen.

Die Qualifikation des jeweiligen Außendienstmitarbeiters ist jedoch ausschlagge-bend. Dieser müsste für beide Systeme geschult sein, um die Franchisenehmer angemessen betreuen zu können.

Werbung

Im Bereich der Werbung können ebenfalls Kosten eingespart werden, was auf die stärkere Position bei Verhandlungen mit Werbeagenturen, Verlagen und Radio-sendern zurückzuführen ist. Es ist aber auch ein gemeinsamer Versand von Newslettern[245] denkbar, da hierdurch „Tee Gschwendner" auch „Vom Fass"-Kunden erreicht und umgekehrt.

Die Idee „Vom Fass"-Produkte auch in der Gastronomie anzubieten, könnte eben-falls in einer Zusammenarbeit mit „Tee Gschwendner" erfolgen, da Albert Gschwendner bereits plant, seine Produkte, über die Franchisenehmer, auch in der Gastronomie zu vertreiben.

„Tee Gschwendner" und „Vom Fass" bieten unterschiedliche Produkte an und ste-hen daher in keinem Konkurrenzverhältnis zueinander. Infolgedessen würden die Systeme bei einer Zusammenarbeit in den aufgezeigten Bereichen voneinander profitieren.

---

[244] Eigene Zählung der gemeinsamen Standorte. Datenbasis: Informationsmaterialien von „Tee Gschwendner" und „Vom Fass".
[245] Beide Unternehmen bieten auf ihrer Homepage an, Kunden über einen kostenlosen Newsletter zu informie ren. Siehe hierzu:
https://shop.teegschwendner.de/info/default.asp?navi_id=27&url=/info/content/newsletter.asp und
http://www.vomfass.de/deutsch/newsletter/newsletter.htm , heruntergeladen am: 09.03.2003

6.   Ausblick

In der letzten Zeit hat sich hinsichtlich der gestiegenen Arbeitslosenzahl (4,7 Mio.

im Februar 2003[246]) eine Diskussion aufgetan, ob das Franchising zu einer Redu-

zierung der Arbeitslosigkeit einen Beitrag leisten kann.

Nach Auffassung des DFV-Präsidenten Dieter Fröhlich sei es möglich, durch das

Franchising in fünf Jahren 500.000 Arbeitsplätze in Deutschland zu schaffen.[247]

Diese Möglichkeit sieht auch der DFNV-Präsident, Bernd-R. Faßbender, der mo-

mentan an einer Studie mit der Universität Mainz arbeitet, in der untersucht wird,

wie zusätzliches Wachstum und damit Beschäftigung mit Franchising erzielt wer-

den kann.[248]

Es besteht kein Zweifel, dass das Franchising einen positiven Effekt auf die Be-

schäftigung in Deutschland haben kann. Andererseits wird sich eine Rezession,

und verhaltenes Wachstum (0,6% für 2003)[249] auch auf das Franchising negativ

auswirken, da das Franchising nicht isoliert betrachtet werden darf, sondern in

Abhängigkeit zur gesamten deutschen Wirtschaft steht.

---

[246] Vgl. http://www.arbeitsamt.de/hst/services/statistik/kurzinformation/bundesgebiet/index.html heruntergeladen am: 10.03.2003
[247] Vgl. N.N.: Franchising bietet der „Ich-AG" eine glänzende Zukunft, 25.11.2002 In:
http://www.franchiseportal.de/ → Archiv → November 2002, heruntergeladen am: 10.03.2003
[248] Diese Information erhielt der Verfasser durch ein Gespräch mit Herrn Faßbender vom 10.03.2003
[249] Einschätzung des RWI. Vgl. N.N.: Deutschland am Rande einer Rezession. In: Süddeutsche Zeitung,
14.03.2003, Jg. 59, Nr. 61, S. 20

Anlage 1: Rangfolge der größten Systeme in Deutschland nach Gesamtumsatz in 2001

Nr.	System	Umsatz
1.	MobilCom Shop	6.000 Mio €
2.	McDonald's	2.261 Mio €
3.	Ihr Platz	1.163 Mio €
4.	FIRST-Reisebüro	1.000 Mio €
5.	Schmetterling-Reisen	974 Mio €
6.	TUI ReiseCenter	870 Mio €
7.	Etam 1-2-3 / Etam Lingeries	600 Mio €
8.	AUFINA / ERA	600 Mio €
9.	PC-Spezialist	550 Mio €
10.	Hammer Heimtex-Fachmärkte	397 Mio €
11.	Fressnapf	343 Mio €
12.	Burger King	340 Mio €
13.	Best Western	324 Mio €
14.	AVIS Rent A Car	264 Mio €
15.	Wap WaschBär	250 Mio €
16.	CC RAULE	235 Mio €
17.	Cortin	225 Mio €
18.	Reiseland / Reiseland American Express	221 Mio €
19.	Sunpoint	199 Mio €
20.	NBB	190 Mio €
21.	TUI TRAVELStar	190 Mio €
22.	Ytong-Bausatzhaus	181 Mio €
23.	Apollo-Optik	165 Mio €
24.	PORTAS	164 Mio €
25.	Premio Reifenservice by Goodyear	144 Mio €

Quelle: www.franchiseportal.de

Anlage 2: Vergleich des Franchising mit anderen Vertriebsarten

Vertriebsart / Merkmal	Franchise-system	Vertrags-händler-system	Lizenz-vertrag	Agentur-system	Filial-system
Vertikale Kooperation	JA	JA	JA	JA	JA
Rechtliche Selbständigkeit beider Partner	JA	JA	JA	NEIN	NEIN
Einheitlicher Marktauftritt	HOCH	MITTEL	GERING	GERING	HOCH
Weisung und Kontrolle	HOCH	GERING	GERING	GERING	HOCH
Arbeitsteilung	JA	JA	JA	JA	JA

Quelle: Darstellung des Verfassers

Anlage 3: Arten des Franchising

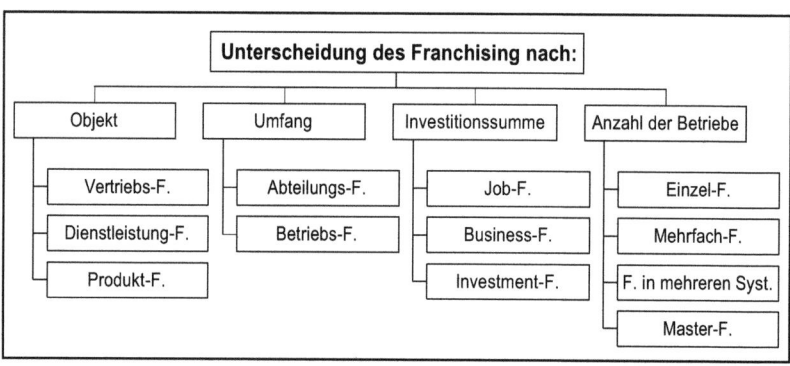

Quelle: Darstellung des Verfassers

Anlage 4: Rechte und Pflichten des Franchisegebers und -nehmers

Quelle: Darstellung des Verfassers

Anlage 5: Vor- und Nachteile des Franchisegebers

Franchisegeber	
Vorteile	**Nachteile**
• Geringes Investitionsvolumen bei schneller Expansion • Finanzierungsrisiko trägt FN • Beschaffungskosten niedrig bei entsprechender Anzahl von FN (Mengenrabatte) • Keine Personalkosten in Vertriebsstätten • Verwaltung und Personalsuche gering • Hohe Motivation des FN • Erfahrung und Marktnähe des FN	• Niedrigerer Gewinn, da dieser mit FN „geteilt" wird • Betrug durch FN möglich → Gewinn sinkt • Unqualifizierte FN → Kosten steigen • FN wird zu Konkurrent • Starke gegenseitige Abhängigkeit • Starke Mitbestimmungsrechte des FN

Quelle: Darstellung des Verfassers

Anlage 6: Vor- und Nachteile des Franchisenehmers

Franchisenehmer	
Vorteile	**Nachteile**
• Vermeidung von Fehlern in der Aufbauphase • Ständige Beratung und Betreuung durch FG • Beschaffungskosten niedrig • Arbeitsteilung → Konzentration auf Verkauf • Nutzung von Marke und Image • Kostengünstige, überregionale Werbung	• Eingeschränkte Selbständigkeit wegen Weisung und Kontrolle durch FG • Bei Imageverlust des Unternehmens wird dieser auf einzelnen Betrieb übertragen • Mangelnde Leistungen bei Überforderung der Systemzentrale oder schlechter Qualifikation des FG

Quelle: Darstellung des Verfassers

Quellenverzeichnis

Bücher

Arnold, J.,
Das Franchise-Seminar. Selbständig mit Partner, 2. Aufl., München 1997

Baßeler, U./ Heinrich, J. / Koch, W.,
Grundlagen und Probleme der Volkswirtschaft, 15. Aufl. Köln 1999

DFV (Hrsg.),
Jahrbuch Franchising 2002/2003, Frankfurt am Main 2002

Geml, R. / Geisbüsch, H. / Lauer, H.,
Das kleine Marketing Lexikon, Düsseldorf   , S. 98

Gross, H. / Skaupy, W.,
Franchising in der Praxis, Düsseldorf 1976

Herz, P.,
Selbständig mit Franchise: Finanzierung – Erfolgskonzepte – Risiken, Regensburg 1997

International Marketing Committee (Hrsg.),
Television 2000. International Key Facts, 9. Aufl., Köln

Knigge, J.,
Franchise-Systeme im Dienstleistungssektor, Berlin 1973

Kotler, P. / Bliemel, F.,
Marketing Management. Analyse, Planung und Verwirklichung, 10.Aufl.,
Stuttgart 2001

Maitland, I.,
Franchising – A practical Guide for Franchissors and Franchisees, London 1991

Meffert, H.,
Marketing. Grundlagen marktorientierter Unternehmensführung, 9. Aufl., Wiesbaden 2000

Mendelsohn, M.,
The Guide to Franchising, 5. Aufl., London, New York 1992

Mett, U.,
Franchise Report Handel 2000, Köln 2000

Nebel, J./Schulz, A./Wessels, A.,
Das Franchise-System. Handbuch für Franchisegeber und Franchisenehmer,
Neuwied 1999

Pauli, K.,
Franchising, Düsseldorf 1990

Schmalen, H.,
Grundlagen und Probleme der Betriebswirtschaft, 12. Aufl. Stuttgart 2002

Schneck, O. (Hrsg.) et al.
Lexikon der Betriebswirtschaft, 4. Aufl., München 2000

Skaupy, W.,
Franchising. Handbuch für die Betriebs- und Rechtspraxis, 2. Aufl. München 1995

Slywotzky, A. / Morrison, D.,
Die Gewinnzone. Wie Ihr Unternehmen dauerhaft Erträge erzielt, Landsberg am Lech 1998

Tietz, B. / Mathieu, G.,
Das Franchising als Kooperationsmodell für den mittelständischen Einzel Handel, Köln 1979, S.

Tietz, B.,
Handbuch Franchising, 2. Aufl. Landsberg am Lech 1991

Weis, E. (Hrsg.),
Langenscheidts Großwörterbuch Französisch, 7. Aufl. Berlin 1991

Wöhe, G.,
Einführung in die Allgemeine Betriebswirtschaftslehre, 20. Aufl., München 2000

<u>Beiträge in Zeitschriften</u>

Franck, E. / Jungwirth, C.,
Zwischen Franchisesystem und Genossenschaft: die Organisationsform „Liga" im Profisport. In: Die Unternehmung, 59. Jg. 1999, H. 2, S. 121-132

Hempelmann, B.,
Ökonomische Analyse der Vertragsbeziehungen im Franchising. In: Wirtschaftswissenschaftliches Studium, 30. Jg. 2001, H. 2, S. 75-78

Mett, U.,
Minimiertes Risiko. In: Handelsjournal 10/2002, S. 11

N.N.
Baumarktbetreiber Obi liegt leicht über dem Branchentrend. In: BBE Data Kompakt. Facts & Trends zu Distribution und Handel, Nr. 409, S. 2

N.N.
Franchising und Photovoltaik – eine erfolgreiche Verbindung für das Elektrohandwerk. In: Elektrotechnik, 06/2001, S.21-22

Posselt, T.,
Das Design vertraglicher Vertriebsbeziehungen am Beispiel Franchising. In: Zeitschrift für Betriebswirtschaft, 69. Jg., 1999, H. 3, S 347-375

Przybilski, M.,
Franchisekonzept. Der gerade Weg zu Profil und Kompetenz. In: Absatzwirtschaft 12/2002, S. 40-44

Schütz, P. / Kroth, R.,
Neue Kraft für Marken. In: Absatzwirtschaft. Sonderausgabe, 10/2000, S. 84-93,

Seiwert, M. / Stippel, P.,
Was steckt in den Vertriebskanälen? In: Absatzwirtschaft 2/2003, S.12-14

Beiträge in Zeitungen

Beukert, L.,
Konzern plant Zukäufe. Tchibo prüft Aufbau einer Franchise-Kette. In: Handelsblatt, 02.12.2002, S.22

N.N.,
Deutschland am Rande einer Rezession. In: Süddeutsche Zeitung, 14.03.2003, Jg. 59, Nr. 61, S. 20

Petersdorff, W.,
Der Pleitegeier frisst Geschäftsideen. In: FAZ vom 17.11.2002, Nr. 46, S. 43

Online-Recherche

http://www.teeverband.de/texte/tee-lefax19.html , heruntergeladen am: 08.03.2003

http://www.franchiseportal.de/ und
http://cms.franchiseportal.de/ITmaxxCMS/cmsForby/
statistiken/ranglisten_gesamtumsatz_systeme_de.html , heruntergeladen am: 09.03.2003

https://shop.teegschwendner.de/info/default.asp?navi_id=27&url=/info/content/ne wsletter.asp, heruntergeladen am: 09.03.2003

http://www.vomfass.de/deutsch/newsletter/newsletter.htm , heruntergeladen am: 09.03.2003

http://www.arbeitsamt.de/hst/services/statistik/kurzinformation/bundesgebiet/index .html, heruntergeladen am: 10.03.2003

Gespräche

Gespräch mit Herrn Faßbender,
Präsident des DFNV, am 10.03.2003

Gespräch mit Herrn Strähle,
Leiter der Auftragsabteilung bei „Vom Fass", am 06.03.2003 in Ravensburg

Sonstige Quellen

Tee Gschwendner
Firmenbroschüre , erhalten am: 06.03.2003

Studienkreis
Firmenbroschüre, erhalten am: 29.01.2003

DFV (Hrsg.),
Existenzgründung mit System, Berlin o. J., erhalten: Feb. 2003

DFV (Hrsg.),
Franchise-Telex 2001, o. O. Juni 2001, erhalten: Feb. 2003

Vom Fass
Firmenbroschüre erhalten am: 06.03.2003